Índia

Para o Ocidente, a Índia sempre foi – e continua a ser – objeto de uma mistificação quase esotérica, associada a noções difusas de paz, espiritualidade e superpoderes ascéticos. Eternamente reinventada e venerada por uma elite ocidental que foge de suas sociedades ditas racionalistas, o país exerce enorme fascínio – são milênios de história documentada, divindades adoradas a cada esquina, cultos e rituais antiquíssimos, uma variedade de línguas e culturas. A essa conhecida representação mescla-se outra, mais recente, focada na transformação frenética de um país na vanguarda da inovação digital, no espírito novo encapsulado no slogan «India Shining» [Índia que brilha] e no dinamismo de suas megacidades, capitaneando um crescimento econômico assombroso. Histórias de sucesso que no entanto convivem com a labuta diária de grandes massas humanas que subsistem sem acesso a água potável ou banheiros, ou atreladas a uma cultura agrária (ainda a grande esperança de emprego para o 1,34 bilhão de habitantes do subcontinente) que depende das monções, agora perigosamente ameaçadas pelas mudanças climáticas. Trata-se do maior experimento democrático de que se tem notícia, incapaz, contudo, de erradicar uma das formas mais infames de classismo e racismo – o sistema de castas –, exacerbado pelo nacionalismo hindu dos que ora ocupam o poder, cujas leis, marcadas pela discriminação aos muçulmanos, pretendem reescrever os livros de história. Ainda assim, é difícil encontrar país mais dinâmico e otimista: como diz a escritora Arundhati Roy, os indianos são «um povo irremediavelmente desordenado», capaz de lutar e resistir por milhares de anos graças a seus «métodos diversos e caóticos». Há, de fato, um caos contraditório, terrível e jubiloso, que as próximas páginas procuram restaurar: da resistência do povo da Caxemira e das agruras dos ateístas do país – detestados por todas as comunidades religiosas locais – às danças de *hijras* em Koovagam e ao sucesso da lutadora Vinesh Phogat, símbolo para todas as mulheres que buscam escapar à lógica opressiva do sistema patriarcal. A Índia é um país com garra, envolvido em uma longa jornada rumo à emancipação, que ~~ de dificuldades e retrocessos os seus despossuídos.

Sumário

A Índia em números	6
O esporte nacional	8
Contos de outra Índia — Valerio Millefoglie	10

A invenção do nacionalismo hindu — Prem Shankar Jha　　13

O primeiro-ministro Narendra Modi quer substituir a Índia multicultural por um país onde só haja espaço para hindus. A batalha para abandonar esse legado do fascismo europeu e a redescoberta da cultura inclusiva da Índia, tendo por base o conceito de darma.

In/visíveis: o lugar da mulher na Índia — Tishani Doshi　　28

Por que o número de mulheres no mercado de trabalho indiano vem caindo, a despeito do crescimento da economia? Pequenos avanços na legislação e o clamor provocado por notórios atos de violência não bastaram para abalar um modelo de sociedade que vê as mulheres confinadas às tarefas domésticas.

O foguete sobre a bicicleta — Susmita Mohanty　　49

No Ocidente, é raro ouvir falar do programa espacial da Índia, a ISRO: quando no cinema vemos algumas ameaça no espaço, é sempre a Nasa que intervém, no máximo a Rússia. E no entanto o programa impacta a vida de toda a população e segue desenvolvendo discretamente uma série de projetos grandiosos.

O fenômeno das monções — *The Economist*　　58

Desde tempos imemoriais as chuvas de monção dominam a agricultura e a vida na região mais populosa do planeta. Mas como, por que e onde elas se formam? Quais seus efeitos e, mais importante, qual seu futuro? Uma história de carestia, negócios, ciência e cobiça.

Ogo Shuncho! — Anindya Roy　　78

A cultura alimentar bengali comentada pelos parentes do quadrinista Anindya Roy, que vivem como «expatriados» em Nova Déli desde 1946.

Ateus em perigo — Julia Lauter　　88

Na terra da espiritualidade, dos gurus e dos homens santos – onde o nacionalismo hindu impera –, parece não haver lugar para os ateus, uma comunidade racionalista malvista por todas as religiões, cujos membros lutam por suas convicções em meio a assassinatos e intimidações.

Contra as castas — Arundhati Roy   109

O sistema de castas inflige injustiças inomináveis aos que estão na base da pirâmide. A escritora e ativista analisa a opressão social das castas no século XX, bem como o trabalho de B. R. Ambedkar.

Corta pra Suíça! — Juhi Saklani   132

A Suíça personifica a paixão de Bollywood por locações exóticas, tendência iniciada na década de 1960 e que não deve se extinguir tão cedo, ainda que o público indiano venha repensando o significado de «país estrangeiro», bem como sua autoimagem.

O sangue das tulipas — Mirza Waheed   147

O escritor Mirza Waheed, natural da Caxemira, explica o que é crescer na região mais militarizada do mundo, espremida entre a Índia e o Paquistão, onde por décadas o desejo de independência tem sido combatido por meio de uma repressão feroz e implacável.

No ringue com a mulher mais poderosa da Índia — Sonia Faleiro   163

Na Índia, o wrestling sempre foi um esporte masculino até que Vinesh Phogat (que hoje ganha mais do que a maior parte de seus colegas homens) e suas primas entraram em cena.

Não existe literatura indiana — Arunava Sinha   177

Com suas muitas línguas e culturas – cada qual com sua própria história e tradições –, falar de literatura indiana como uma entidade única é uma falácia. Arunava Sinha seleciona quatro livros em quatro línguas indianas num breve guia para as inumeráveis vozes da Índia moderna.

Um sinal dos tempos — Gioia Guerzoni   186
Uma playlist — Matteo Miavaldi   188
Fontes complementares   190

As fotos desta edição são de Gaia Squarci, fotógrafa e videomaker que divide seu tempo entre Milão e Nova York, onde leciona no International Center of Photography. Também colabora com a Reuters e a agência fotográfica italiana Prospekt. A abordagem de Squarci, de formação em história da arte e fotojornalismo, tende a se afastar da tradição descritiva da fotografia documental, concentrando-se em temas associados à relação do homem com o mundo natural, em indivíduos com deficiências e nas relações familiares. Recebeu o prêmio POYi (Pictures of the Year International) por seu trabalho em 2014 e 2017 e, em 2018, foi uma das trinta fotógrafas e fotógrafos com menos de trinta anos escolhidos pela Photo Boite. Sua instalação Broken Screen foi selecionada para a reGeneration3, exposição de 2015 do Musée de l'Elysée, em Lausanne. Suas fotografias estão presentes em publicações como *The New York Times, Time Magazine, Vogue, The Washington Post, The Guardian, Der Spiegel, Internazionale, Io Donna, Corriere della Sera.*

A Índia em números

AR POLUÍDO

12 das 15 cidades mais poluídas do mundo estão na Índia.

Concentração média anual de PM2,5 (material particulado fino)

Cidade	PM2,5
Gurugram	136
Ghaziabad	135
Faisalabad (Paquistão)	130
Faridabad	129
Bhiwadi	125
Noida	124
Patna	120
Hotan (China)	116
Lucknow	116
Lahore (Paquistão)	115
Delhi	114
Jodhpur	113
Muzaffarpur	110
Varanasi	105
Moradabad	105

10 Limite OMS

FONTE: AIRVISUAL WORLD AIR QUALITY REPORT 2018

DESNUTRIÇÃO EM CRIANÇAS COM MENOS DE 5 ANOS

Crônica	Aguda	Ambas
31,6%	14,5%	6,3%

FONTE: GLOBAL NUTRITION REPORT

DISTRIBUIÇÃO DE RIQUEZA

% patrimônio por adulto (2020)

- □ < 10k $
- ▨ 10-100k $
- ▦ 100k-1m $
- ■ > 1m $

China, Índia, Mundo

Escala: 0 20 40 60 80 100

FONTE: CREDIT SUISSE GLOBAL WEALTH DATABOOK

CAMPO X CIDADE

% da população urbana

- ---- Países de renda alta
- —— China
- ····· Indonésia
- ▬▬ Índia
- ·—·— Países de renda baixa

Escala: 0, 25, 50, 75, 100

Anos: 1969 1980 1990 2000 2010 2018

FONTE: BANCA MONDIALE

MORTES POR SELFIE

Número de pessoas mortas ao tirar selfies entre março de 2014 e setembro de 2016

- 76 — Índia
- 9 — Paquistão
- 8 — Estados Unidos
- 6 — Rússia
- 4 — Filipinas
- 4 — China
- 3 — Espanha
- 2 — Portugal
- 2 — Turquia
- 13 — Outros

FONTE: CORNELL UNIVERSITY

VEGETARIANOS

Classificação e % por país (2019)

1. **Índia (38%)**
2. Israel (13%)
3. Taiwan (12%)
4. Itália (10%)
5. Austrália (9%)

FONTE: WORLD ATLAS

O PRECIOSO LÍQUIDO BRANCO

1º

A Índia produz 176,3 milhões de toneladas de leite por ano (2018), 20% do total mundial.

FONTE: THE ECONOMIC TIMES

INGLÊS

125

milhões de pessoas na Índia falam inglês, perdendo apenas para os EUA em termos de número de falantes.

FONTE: BBC

KUMBH MELA

O destino mais movimentado do mundo em termos de peregrinos religiosos. Em 10 de fevereiro de 2013, 30 milhões de fiéis hindus se reuniram perto de Allahabad.

Allahabad

FONTE: NDTV

DESMONTAGEM DE NAVIOS

A indústria de desmanche de navios concentra-se no sul da Ásia devido aos altos preços pagos pela sucata (usada na construção civil local), aos baixos custos de mão de obra e às regulamentações tímidas quanto à segurança e proteção ambiental.

Número de navios desmontados e toneladas de metal recuperado (2018)

Ton.: 4,9 | 7,9 | 1,0 | 4,2 | 0,4 | 0,1 | 0,4

| Índia | Banglad. | Turquia | Paquistão | Resto do mundo | União Europeia | China |

FONTE: NGO SHIPBREAKING PLATFORM

A Índia em números   7

O esporte nacional: críquete

A Índia é um país de quase 1,4 bilhão de pessoas, todas apaixonadas pelo mesmo esporte, o que explica por que o críquete é o segundo jogo mais assistido no mundo, perdendo apenas para o futebol. Como escreveu o sociólogo indiano Ashis Nandy, o críquete é «um jogo indiano acidentalmente descoberto pelos britânicos». A Indian Premier League (IPL), lançada em 2008, mudou o centro de gravidade do esporte para o subcontinente indiano, atraindo os melhores jogadores do mundo, inclusive aqueles vindos da Inglaterra, África do Sul, Austrália e Índias Ocidentais. Nem sempre foi assim, é claro. Os britânicos exportaram o críquete para suas colônias como uma forma de passatempo, mas também como uma demonstração tácita de sua civilização: as idiossincrasias do esporte em sua versão tradicional *test cricket* – partidas que duram até cinco dias, regras referidas como «leis», terminologia obscura, uniforme branco e pausas para o chá – são o legado desse conceito de *gentleman's game*, que exige paciência e espírito esportivo (sem falar em tempo livre, dinheiro e campos muito bem cuidados), qualidades que muitos britânicos acreditavam ser estranhas aos povos que estavam colonizando. Mas os indianos viram outros valores no jogo: a rica complexidade, as infinitas variações para cada jogada (*delivery*) e as inúmeras maneiras de eliminar (*dismiss*) um rebatedor (*batsman*) guardam semelhanças, como escreveu certa feita o político e escritor Shashi Tharoor, com a música clássica do país, em que as regras básicas são apenas o ponto de partida para a improvisação. As gloriosas incertezas do jogo ecoam algo do pensamento indiano antigo: com seu senso de fatalismo, os indianos entendem instintivamente que, justo quando você pensa que leu a trajetória (*seam* ou *swing*) da bola e está pronto para rebatê-la com o centro do bastão, um efeito (*spin*) inesperado pode desviá-la direto para a baliza (*wicket*), deixando você fora do turno (*bowled*).

Na Índia, o críquete não é um esporte de elite. Embora os primeiros jogadores indianos fossem marajás ricos e pársis da comunidade empresarial de Bombaim (atual Mumbai), o esporte logo se tornou popular, jogado nas ruas. Em *A Corner of a Foreign Field* [No córner de um campo estrangeiro], a melhor história do críquete na Índia, Ramachandra Guha conta como o primeiro grande campeão indiano, Palwankar Baloo, dálite pertencente à subcasta dos chamar, artesãos de couro, era obrigado a sentar-se sozinho durante as pausas para o chá, bebendo de uma caneca de barro, enquanto a seus companheiros eram servidas xícaras de porcelana. Guha, contudo, argumenta que ao longo do tempo o críquete tem sido um dos fatores mais importantes no solapamento do sistema de castas.

Desde a Partição, o críquete não raro desempenhou um papel conciliador nas relações de atrito entre a Índia e o Paquistão – estabeleceu-se uma rivalidade fanática, mas pacífica. As partidas entre as duas nações atraem torcidas fervorosas: mais de um bilhão de telespectadores assistiram a Índia jogar contra o Paquistão na primeira rodada da Copa do Mundo em 2015. (Em vez do formato tradicional do *test cricket*, na Copa do Mundo as partidas duram um único dia.) A rivalidade esportiva também tem sido uma ferramenta diplomática poderosa, acionada em diversas ocasiões – após a guerra de 1971, por exemplo, ou durante a insurgência da Caxemira na década de 1990 – como forma de reabrir o diálogo. Conta-se que foi durante uma partida de críquete em 1987 que o presidente Zia-ul-Haq, do Paquistão, sussurrou ao ouvido de seu homólogo indiano, o primeiro-ministro Rajiv Gandhi, que seu país havia obtido a bomba atômica.

Mas o críquete não é uma questão apenas de *soft power*: o esporte também ajudou a redefinir a própria identidade indiana. Enquanto a vitória na Copa do Mundo de 1983, no histórico Lord's Ground de Londres, foi inesperada, o triunfo de 2011 em Mumbai representou a conquista de um país ciente de sua condição de potência mundial. O sucesso da IPL, inspirada na Premier League do futebol inglês e na NBA dos EUA, mudou radicalmente a cara do críquete. Ao adotar o formato Twenty20, que reduz a duração das partidas para cerca de três horas, tornando-as mais adequadas à tevê (com intervalos publicitários, torcidas e tudo o mais), o novo torneio virou uma máquina de dinheiro, deslocando o esporte de sua terra natal e atraindo os atletas mais talentosos do mundo para ajudar a transformar o tal *gentleman's game* no primeiro esporte de fato globalizado.

Contos de outra Índia

VALERIO MILLEFOGLIE

Ao chegar à Vestingstraat, na Antuérpia, o visitante é recebido pela chocolateria Del Rey e pela joalheria Nicholas Diamonds. Conforme avança, as lojas de diamantes se sucedem. Até o número 74, as vitrines se espelham como um caleidoscópio – para onde quer que se olhe, ele reflete sempre a mesma profusão de colares, anéis e pedras preciosas.

A estação ferroviária central está localizadada no final da rua. Essa história é também a de uma viagem – da Índia à Bélgica. No número 52 da Vestingstraat, o visitante se depara com a AIA – Associação Indiana da Antuérpia. Fundada em 1979 por um grupo de comerciantes de diamantes, a entidade conta hoje com mais de quinhentos membros. O mercado antuerpiense de diamantes, antes domínio da comunidade judaica, agora se concentra nas mãos de quatrocentas famílias de origem indiana. A primeira chegou ao final da década de 1960, e aos poucos, seguindo os passos de pais, irmãos e primos, os imigrantes transformaram a cidade numa enorme empresa familiar, na qual os casamentos selavam parcerias de trabalho e outras relações. No início os indianos negociavam gemas brutas de baixo valor, com menos de um quilate, que eram enviadas para lapidação à cidade de Surat, em Gujarat, na parte ocidental da Índia, onde o custo da mão de obra especializada era menor. Uma vez trabalhadas, as pedras voltavam à Antuérpia e eram vendidas em pequenas lojas. O setor não mudou tanto, mas as lojas se tornaram grandes empresas: a cidade responde por 86% do comércio global de diamantes brutos, 90% dos quais são enviados para a Índia e o Vietnã, onde os salários permanecem baixos.

A maioria dos pioneiros indianos eram jainistas da cidade de Palanpur. Quem professa o jainismo não pode caçar, pescar,

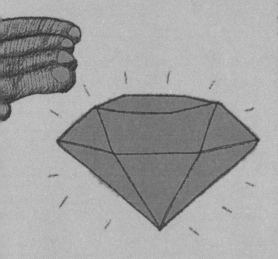

negociar com armas ou marfim, nem mesmo cortar árvores. Assim, destacam-se no setor bancário e no comércio de diamantes.

No site da Diamonds Creations, vê-se uma fotografia de Santosh Kedia – que imigrou de Calcutá para a Antuérpia – sentado numa poltrona de couro preto. Com uma das mãos, aproxima uma lupa dos óculos; com a outra, segura firmemente uma pedra preciosa com uma pinça. No móvel atrás dele, vê-se a fotografia de um jovem no dia da formatura. A tarefa de contar a história de sua vida cabe ao filho, que escreve: «Meu pai começou a tratar dos negócios da família, sob a tutela de seu avô e de seu pai, aos dezessete anos. Aos vinte, teve a oportunidade de se mudar para a Bélgica e estabelecer nossa empresa no ramo dos diamantes. Não demorou muito para que todos soubessem quem era ele e, mais importante, o que ele representava. Aos 54 anos, meu pai é um jovem veterano engajado em todos os aspectos de nossa organização, com uma abordagem pragmática. Desejo que ele me guie por muitos anos!».

Kedia e seus colegas indianos começaram todos da mesma forma: vendiam suas mercadorias de porta em porta, sem carro ou bicicleta, dividindo apartamentos de um cômodo, trabalhando mais horas do que os demais, inclusive à noite ou nos fins de semana, e aceitando salários mais baixos. Como explicam, o trabalho sempre veio em primeiro lugar nessas empresas de família. Hoje vivem em uma área residencial conhecida como Pequena Mumbai ou Beverly Hills, com seus elegantes sobrados geminados e avenidas arborizadas que levam ao parque Den Brandt, com direito a castelo e cisnes circulando em um pequeno lago. Nos arredores, mora gente como Dilip Mehta, CEO da Rosy Blue, agraciado com o título de barão pelo rei da Bélgica. Em novembro de 2019, Mehta disse ao *The Times of India* que, junto com seus filhos, planeja lançar uma nova divisão da empresa para produzir 25 mil quilates de diamantes, importando pedras sintéticas brutas da China: «Nosso mercado-alvo será a Índia, junto com os EUA e Dubai».

Enquanto isso, a joalheria Orra, da Antuérpia, hoje com 38 lojas em 22 cidades, vende a pulseira Men of Platinum com o seguinte slogan: «Quando a voz de seu coração é a que você ouve. Coisa rara». No TripAdvisor, um usuário deixou o seguinte comentário sobre os serviços da Diamond Boutique, outra joalheria, localizada no número 26 da mesma Vestingstraat: «Foi aqui que comprei meu anel de noivado. Os funcionários foram muito prestativos, profissionais e confiáveis. Yair e seu pai ouviram meus desejos, levaram em consideração meu orçamento e depois de algumas negociações me forneceram um diamante de ótima qualidade que reluz maravilhosamente no dedo da minha noiva».

A invenção do nacionalismo hindu

O primeiro-ministro Narendra Modi e os nacionalistas hindus do BJP seguem buscando o sonho fundamentalista e reacionário de substituir a Índia secular e multicultural por um país onde só haja espaço para hindus. A batalha do grande economista e escritor Prem Shankar Jha é para que se abandone esse legado do fascismo europeu e se redescubra a cultura indiana, inclusiva, baseada no conceito de darma, que possibilitou séculos de sincretismo religioso que hoje os nacionalistas querem cancelar.

PREM SHANKAR JHA

À esquerda: Um guarda descansa à sombra do Forte de Amber, perto de Jaipur, no Rajastão, construção que mescla um estilo arquitetônico hindu com influências islâmicas.

Em abril de 1994, durante uma coletiva de imprensa que se seguiu ao encontro do primeiro-ministro indiano Narasimha Rao com o presidente Bill Clinton, por ocasião de uma visita oficial aos Estados Unidos, o anfitrião não poupou elogios à Índia por ter realizado um feito inédito: fundar um Estado nacional utilizando como instrumento a democracia em vez da guerra. Como ressaltou o presidente, era o oposto do que ocorrera na Europa no tumultuoso século que precedeu a assinatura dos Tratados de Vestfália, em 1648, que puseram fim aos vários conflitos que inflamavam o continente, particularmente a Espanha e a França.

Até o advento da globalização, o arquétipo do Estado-nação europeu era marcado por fronteiras rígidas, uma estrutura política unitária e uma população culturalmente homogênea, falante de uma única língua nacional. Essa uniformidade era imposta aos cidadãos por meio de uma mescla de educação, assimilação cultural e limpeza étnica. Na Europa, o processo foi violento. Começou com a Guerra dos Cem Anos (1337-1453), a mais sangrenta e nefasta que a região experimentara até ali. Essa fase cruenta da história europeia culminou no período de 31 anos do século XX que envolveu duas guerras mundiais, a Revolução Russa, o genocídio armênio e o Holocausto. Ao todo, essa «Era da Catástrofe» ceifou mais de 100 milhões de vidas.

A percepção humana, contudo, demora para se dobrar à realidade. Assim, mesmo depois da Segunda Guerra Mundial, o Estado-nação europeu permaneceu como o único modelo de país moderno viável. No período de descolonização que se seguiu, 131 novas nações passaram a integrar a ONU. Com poucas exceções, todas começaram como democracias, mas apenas duas – a Costa Rica e a Índia – conseguiram sustentar e estabilizar seus sistemas democráticos. A semelhança entre as duas, no entanto, termina aí. A Costa Rica é um Estado unitário pequeno, com uma população de pouco mais de 4 milhões de pessoas. A Índia é a segunda maior nação do mundo, com uma população de mais de 1,3 bilhão de indivíduos, com doze grandes grupos étnicos e dezenas de outros menores; a maior parte desses grupos têm sua própria língua e uma longa história como nação independente, com identidades culturais muito bem definidas.

Sob a liderança sagaz de Mahatma Gandhi, o Partido do Congresso foi capaz de fundi-los em uma única nação porque, ao contrário da maioria das novas nações, não buscou replicar o modelo europeu. Em vez disso, celebrou a diversidade da Índia, valendo-se da democracia e do federalismo para estabelecer uma unidade em seu interior. O que emergiu depois de três décadas de ajustes foi uma «federação de etnias», que a Constituição indiana descrevia explicitamente como uma «união de estados»

PREM SHANKAR JHA — é economista, jornalista e autor de mais de uma dezena de livros. Nos anos 1960, após estudos em Déli e Oxford, trabalhou para as Nações Unidas em Nova York e Damasco, até se voltar para o jornalismo, escrevendo para os principais jornais indianos de língua inglesa – *Hindustan Times*, *The Times of India*, *Economic Times*, *Financial Express* e *Business Standard* – e para os semanários *Outlook* e *Tehelka*. De 1986 a 1990 foi correspondente da revista *The Economist*. Trabalhou também como docente e pesquisador, bem como consultor de mídia do primeiro-ministro V.P. Singh. Seu livro mais recente é *Dawn of the Solar Age: An End to Global Warming and Fear* [O amanhecer da Era Solar: o fim do aquecimento global e do medo].

em que cada grupo étnico-nacional se colocava em pé de igualdade dentro de uma estrutura definida pela Constituição.

A GRANDE AMEAÇA À ÍNDIA

Essa conquista sem par agora se encontra sob uma ameaça mortal. Após as eleições gerais de 2014, o poder passou decisivamente do Partido do Congresso para as mãos de seu principal adversário: o Bharatiya Janata Party (BJP) – o «partido do povo indiano», organização nacionalista e conservadora que vê na diversidade religiosa e étnica da Índia não uma força mas uma fraqueza, empenhando-se em substituí-la por uma nação hindu – *hindu rashtra* – agressiva e ultranacionalista, fundamentalista, unida por um espírito essencial hindu – *hindutva* –, em que os não hindus podem até ser aceitos, mas jamais nos mesmos termos.

Em contraste com o hinduísmo – que é menos uma religião do que um modo de vida e existe há pelo menos três milênios –, tanto *hinduvta* quanto hindu *rashtra* são conceitos artificiais, adotados por gente que acreditava fervorosamente que a diversidade étnica e religiosa da Índia fosse o principal obstáculo à criação de um movimento revolucionário forte, capaz de expulsar os britânicos do país. Vinayak Damodar Savarkar, em uma obra hoje famosa – *Essentials of Hindutva* [Princípios básicos do *hindutva*], publicada em 1923 e reeditada mais tarde com o título *Hindutva: Who Is a Hindu?* [*Hindutva*: quem é hindu?] –, argumentou que o hinduísmo precisava desenvolver a mesma coesão que os muçulmanos de todo o mundo haviam demonstrado após a queda do Império Otomano e a subsequente abolição do Califado Otomano, cujo chefe, por séculos, era o governante do império. Foi a rápida disseminação do movimento Khilafat (que, por um lado, pressionava os Aliados pela restauração do califado e, por outro, buscava a independência na Índia) entre os muçulmanos indianos que deu forma concreta ao seu conceito de *hindutva*. Os muçulmanos, ele dizia, graças à unidade que a religião lhes conferia, eram capazes de se unir rapidamente para defender uma instituição que se localizava em outra parte do mundo e que eles mal entendiam. Os hindus, sem Igreja ou clero comparáveis aos do islamismo e do cristianismo, não tinham essa capacidade. Se desejassem libertar a pátria da escravidão, precisariam desenvolvê-la.

Os três fundamentos do *hindutva*, Savarkar concluiu, eram os seguintes: uma nação comum (*rashtra*), uma raça comum (*jati*) e uma cultura ou civilização comum (*sanskriti*). É evidente a influência do fascismo europeu em seu pensamento, basta ver a semelhança desse slogan com o do Partido Nazista Alemão: *Ein Volk, ein Reich, ein Führer* (um só povo, uma só nação, um único líder). E, tal como os nazistas deciram que os judeus não podiam fazer parte do *Volk*, os muçulmanos e os cristãos não podiam pertencer à *jati* hindu, pois a *sanskriti* e os profetas deles tinham origem fora da civilização hindu.

A globalização econômica tornou obsoleto o modelo europeu de Estado-nação. Os esforços do BJP e dos nacionalistas hindus da Rashtriya Swayamsevak Sangh (RSS) – Associação de Voluntários Nacionais, principal organização do movimento *hindu rashtra* – para replicá-lo na Índia chegaram, portanto, com cem anos de atraso. O máximo que conseguirão é transformar a Índia em um Estado-fortaleza de extrema direita. No entanto, como a experiência europeia do fascismo alemão e do desmembramento da União Soviética demonstrou, tal projeto já nasce condenado, pois só pode levar à guerra ou à revolta, seguida da inevitável desintegração, o

«A filosofia que regeu não apenas o Estado indiano moderno, mas todos os principais impérios na história da Índia, e da qual nasce seu desembaraço diante da diversidade étnica e religiosa, não é o secularismo, nem mesmo o pluralismo, mas o sincretismo religioso, que por sua vez deriva da filosofia e da prática do darma.»

que daria fim ao grande experimento democrático de construção de um Estado-nação moderno pela via democrática, no qual Gandhi, Nehru e seus companheiros do movimento pela libertação embarcaram em 1947.

Evitar esse desastre iminente, derrotando o BJP, será uma tarefa prometeica, que já não pode ser levada a cabo pelo apelo a tradicionais lealdades de casta e arranjos políticos. Como o desafio proposto pelo BJP é ideológico, ele só pode ser combatido expondo-se seu vazio e sua destrutividade inerentes, e lembrando a todos os indianos o verdadeiro fundamento religioso e ideológico, que está no sincretismo religioso – o esforço constante para instaurar, entre religiões e culturas, a harmonia em vez de conflitos.

Nesse sentido, a definição recorrente do Partido do Congresso como partido «laico» fez dele um alvo fácil para os devotos do *hindutva*, dada a aura de irreligiosidade que envolve o termo. A filosofia que regeu não apenas o Estado indiano moderno, mas todos os principais impérios na história da Índia, e da qual nasce seu desembaraço diante da diversidade étnica e religiosa, não é o secularismo, nem mesmo o pluralismo, mas o sincretismo religioso, que por sua vez deriva da filosofia e da prática do darma.

O DARMA COMO ANTÍDOTO AO FUNDAMENTALISMO HINDU

Darma é a fé original da Índia védica. Não há referência nos Vedas, os textos mais antigos da civilização indo-ariana, a um darma hindu, pois a palavra «hindu» foi cunhada pelos persas há 3 mil anos para descrever a terra do rio Sindhu (ou seja, o Indo). Da Pérsia ela foi levada para a Índia mais de dois milênios depois, pelos primeiros invasores muçulmanos que chegaram ao território indiano cruzando o Afeganistão e a Pérsia.

Darma não era uma religião no sentido moderno – e exclusivista – da palavra, pois as religiões messiânicas que agora são o tema da maior parte dos discursos sobre religião nem sequer tinham nascido quando a palavra foi criada. O darma prescrevia a maneira correta de viver; tratava detidamente de como as pessoas deveriam se relacionar umas com as outras, com o mundo e com o cosmos que as cercava.

O *Rigveda* – coleção de hinos védicos em sânscrito que datam de *c.* 1500-1200 a.C. – discrimina diversas formas de darma, como *prathama dharma* (o dever primordial), *raj dharma* (os deveres do rei para com seus súditos) e *swadharma* (o dever para consigo

À direita: Túmulo do imperador mogol Humayun, em Nova Déli, exemplo de arquitetura indo-islâmica. Encomendado em 1562, foi projetado pelo arquiteto persa Mirak Mirza Ghiyath.

mesmo). Mas todas essas variações orbitam ao redor do conceito de dever humano, que é «proteger, apoiar, nutrir».

«Darma» foi a palavra de que se valeu o Buda para descrever os sermões que fez sobre as quatro nobres verdades e o nobre caminho óctuplo. Estudiosos ocidentais de religião comparada prestaram um desserviço ao budismo ao sugerirem que se tratava de uma nova religião, pois assim o transformaram em mais uma religião entre várias, incluindo as três religiões messiânicas do judaísmo, cristianismo e islamismo. O uso do termo védico por Buda sugere que ele se considerava não um profeta, mas um reformador social, rebelando-se contra a corrupção do darma e o crescimento do *adarma*, estimulado pelo narcisismo, a avareza, os rituais dispendiosos e empobrecedores, e o controle bramânico. Assim, o budismo foi, na verdade, a primeira grande rebelião de que se tem notícia contra uma religião oficial na história humana. Valendo-se do termo védico, Buda se fazia reformador social do darma (o *dhamma* budista), não um profeta fundando uma nova religião.

UMA DIFERENÇA CRÍTICA

Descrever o budismo como uma entre várias religiões proféticas, como muitos estudiosos de religião comparada no Ocidente costumam fazer, turvou uma diferença crítica entre, por um lado, o hinduísmo, o budismo e outras religiões místicas e, por outro, as religiões messiânicas – judaísmo, cristianismo e islamismo. As religiões messiânicas têm de ser professadas; pertencer a uma delas implica uma afirmação da própria fé e o repúdio aos demais credos. É uma entrega pessoal ao «verdadeiro» Deus, e a recompensa é a possibilidade de obter a absolvição de seus pecados por meio do arrependimento *nesta* vida.

As religiões místicas, das quais o darma é a mais antiga, precisam ser *vividas*.

Só a virtude nesta vida pode garantir a libertação da alma do ciclo do renascimento. O darma não requer profissão de fé, nem submissão a um único profeta – e não oferece uma absolvição fácil dos pecados. O que captura sua essência é o modo hindu de se referir ao budismo como *Bauddha dharma*, o darma de Buda, e a observação que os hindus com frequência fazem até hoje: «*Yeh mera dharma hai*» [«Este é meu dever»].

A ideia de religião como um conjunto de crenças que devem ser praticadas, e não meramente professadas, não se limita ao hinduísmo e ao budismo, tendo também estabelecido nichos no interior do islamismo e do cristianismo. Nos séculos XI e XII essa ideia fundamentou uma seita cristã cujos seguidores eram conhecidos como cátaros, ou albigenses, na Europa Ocidental (em particular no sul da França, norte da Itália e Espanha) e em alguns ramos do islamismo xiita, como os alauitas da Síria, Iraque e Turquia. Não surpreende que os membros de ambas as seitas tenham sido considerados apóstatas heréticos pelo clero do cristianismo ortodoxo e do islã. Em 1209, o papa Inocêncio III lançou uma cruzada contra os cátaros, instruindo suas falanges a evitar a misericórdia, legando a Deus a tarefa de separar os hereges dos verdadeiros crentes. Quanto aos alauitas, o mais recente dos incontáveis ataques contra eles segue em andamento na Síria.

Em um contraste notável, o encontro na Índia entre o darma e o islã foi pacífico. Ocorreu pela primeira vez nos séculos VIII e IX, quando comerciantes árabes chegaram a Gujarat e ergueram mesquitas. Não ocorreram conflitos religiosos, ao contrário: como textos jainistas registraram dois séculos depois, quando um invasor afegão, Mahmud de Ghazni – cujo império abrangia grande parte do atual Afeganistão, Paquistão e noroeste da Índia –, atacou o famoso templo

O SÍTIO DA DISCÓRDIA

Era uma vez uma mesquita. Construída em 1528 em Ayodhya, no estado de Uttar Pradesh, ela ficou no centro de uma longa disputa religiosa, oferecendo um dos primeiros sinais da manipulação política e da violência do extremismo hindu. De acordo com os hindus, o imperador muçulmano Babur pôs abaixo um antigo templo dedicado ao deus Rama, avatar de Vishnu (ou Vixenu), nascido, segundo a tradição, naquele exato local. Já no século XIX, os devotos de Rama tentaram retomar o sítio; após confrontos com os muçulmanos, ergueu-se um muro para separar as duas comunidades. A primeira virada real veio em 1949, quando Abhiram Das, membro de uma seita de militantes vixenuístas, adentrou a mesquita no meio da noite de 22 de dezembro e pôs um ídolo de Rama dentro do local – um ato de provocação que, com os anos, acabou transformado pela propaganda do partido Mahasabha e dos militantes da Rashtriya Swayamsevak Sangh (RSS) na crença generalizada de que o episódio constituía uma manifestação do próprio deus. Contudo, em 2012 um livro investigativo revelou claramente as ligações entre Abhiram Das e o Mahasabha, que apenas um ano antes havia conspirado para matar Gandhi, como estratégia para inflamar o conflito com os muçulmanos. A violência irrompeu mais uma vez em 1992, quando uma multidão de 150 mil pessoas incitadas pelos grupos extremistas de sempre destruíram a mesquita, lançando as bases para a construção de um templo. Depois de três décadas de conflito religioso, milhares de vítimas e uma longa controvérsia jurídica, em novembro de 2019 a Suprema Corte, com base em pesquisas realizadas pela agência arqueológica da Índia, declarou que o local pertence aos hindus.

Somnath, o templo do deus da lua, em 1025, os árabes, que já viviam ali havia gerações, juntaram-se na defesa do templo e morreram protegendo-o. Não importava que Somnath fosse um templo hindu. Tinha de ser defendido, pois era importante para os hindus entre os quais eles viviam.

A segunda, e mais prolongada, interação entre as duas religiões ocorreu depois que outro invasor afegão, Muhammad Ghori, estabeleceu em Déli o primeiro sultanato, em 1192. O período que se seguiu foi aquele que a RSS gostaria de apagar da memória indiana, quando não da história como um todo. Foi um momento em que se testemunhou um florescimento sem precedentes da arte, da música e da literatura. Foi a época de Amir Khusro, primeiro poeta indiano a escrever em persa. Foi também quando a música e a dança indiana e persa se fundiram para criar um novo gênero, o *khayal gayaki*, no canto, e a dança *kathak*. Foi quando a delicada grafia das iluminuras persas se fundiu com as cores vivas da arte hindu para criar uma profusão de escolas de pintura em miniatura na Índia, incluindo as de mughal, rajput, kangra e basoli. Foi, por fim, a época em que nasce a arquitetura indo-islâmica que deu ao mundo maravilhas como o Taj Mahal e o túmulo de Humayun.

A MEMÓRIA SELETIVA DO *HINDUTVA*

Os ideólogos do *hindutva* ignoram tudo isso e preferem insistir na derrota dos *rajputs*, na destruição de templos e na conversão de um grande número de hindus ao islamismo durante esse período. Trata-se de uma falsa litania de derrotas, usada para fomentar o ultranacionalismo, a religiosidade hindu e o ódio contra muçulmanos.

Mas mesmo aqui a memória deles é seletiva e distorcida. Os *rajputs*, que na época governavam a maior parte do norte da Índia, foram, de fato, impelidos para as

A invenção do nacionalismo hindu

regiões mais desabitadas do Rajastão, mas sua derrota se deveu à tecnologia militar superior dos invasores – a superioridade da cavalaria sobre os elefantes e dos arqueiros sobre a infantaria – e não a alguma qualidade inata dos guerreiros muçulmanos. Pelo contrário, os conquistadores reconheciam o valor dos *rajputs* e rapidamente os integravam a seus exércitos.

Os devotos do *hindutva* falam sem parar dos danos que os invasores muçulmanos infligiram ao regime e à sociedade hindu, mas, de novo, optam por ignorar que as mesmas dinastias muçulmanas salvaram a Índia do maior flagelo da Idade Média: as invasões mongóis que assolaram a Europa. Como outros grupos empobrecidos das estepes asiáticas, os mongóis tentaram primeiro invadir a Índia. A incursão inicial em 1241 pegou o Sultanato de Déli de surpresa, e os mongóis conseguiram chegar até Laore, hoje a mais bela cidade do Paquistão, saqueando à vontade. Depois disso jamais voltaram a penetrar as planícies da Índia. Ghiyasuddin Balban, governante em Déli na época, criou um exército permanente – o primeiro exército da Índia –, construiu uma série de fortes ao longo da fronteira e evitou que todos os invasores subsequentes chegassem às planícies do Hindustão. Após sua morte em 1287, outro rei guerreiro do sultanato, Alauddin Khilji, infligiu duas derrotas sucessivas aos mongóis, em 1304 e 1305, tão decisivas que os invasores voltaram sua atenção para a Europa e nunca mais voltaram.

É certo que templos foram destruídos e preciosas obras de arte, escultura e arquitetura foram irremediavelmente perdidas, mas a motivação dos invasores, como a de todos os invasores ao longo da história, era a pilhagem, não a conversão forçada ao islã. Exceto por uma pequena fração, as conversões que ocorreram nos quatrocentos anos seguintes foram, em geral, voluntárias. Os convertidos vinham de castas hindus inferiores e se convertiam porque o islã lhes oferecia uma fuga das iniquidades de casta – tal como o budismo havia feito, 2 mil anos antes, e como o movimento antibrâmane *bhakti* (devoção), no sul da Índia, vinha fazendo desde o século VII, bem antes da chegada dos muçulmanos. Longe de ser uma mancha pérfida para os conquistadores, essas conversões representam uma rejeição ao hinduísmo brâmane centrado no templo, do qual os conversos eram sistematicamente excluídos.

RECONCILIAÇÃO ENTRE HINDUÍSMO E ISLÃ

No norte da Índia, o encontro entre o islã e o hinduísmo provou-se benéfico e importante para ambos, coisa que a Sangh Parivar (a «família» – *parivar* em hindi – de organizações hindu-nacionalistas de extrema direita) prefere não lembrar. No hinduísmo, tal encontro abalou o vínculo entre religião e Estado, eliminando a fonte mais importante de patrocínio dos templos. À medida que o patrocínio do Estado minguava, os brâmanes, que

O POGROM DE GUJARAT

Em 27 de fevereiro de 2002, um trem repleto de peregrinos hindus que voltavam de Ayodhya foi atacado por uma multidão de cerca de 2 mil pessoas, perto da estação ferroviária de Godhra. Um incêndio deflagrou-se e 59 pessoas perderam a vida. Os julgamentos e comissões parlamentares subsequentes deixaram muitas dúvidas sobre se o episódio era resultado de um ataque terrorista islâmico (a versão oficial), se havia sido instigado por outro grupo ou se foi um acidente. A notícia do ataque aos peregrinos desencadeou um verdadeiro pogrom antimuçulmano

em todo o estado de Gujarat: cerca de 2 mil pessoas foram massacradas por uma multidão sanguinária, 150 mil foram forçadas a deixar suas casas e centenas de mesquitas e locais de culto islâmicos foram destruídos. A impressão que se tem é que, na melhor das hipóteses, o governo do estado – liderado por certo Narendra Modi, então primeiro-ministro recém-eleito – tirou o corpo fora, permitindo à multidão agir livremente. A expressão de compaixão do futuro primeiro-ministro indiano limitou-se a uma observação enigmática: «Se estamos dirigindo um carro, se somos o motorista, ou se outra pessoa está dirigindo e nós vamos no banco de trás, mesmo nesse caso, se um cachorrinho é esmagado pelo pneu, dói ou não? É claro que dói». Depois de meses de agitação, em março de 2003 terroristas islâmicos realizaram sua vingança: treze ataques abalaram Mumbai, tendo como alvo uma série de locais simbólicos, incluindo a Bolsa de Valores, e mataram 257 pessoas. Infelizmente, o pogrom de Gujarat não foi o primeiro nem o último na Índia. Em 1984, a violência que estourou após o assassinato da primeira-ministra Indira Gandhi foi seguida pelo massacre de 3 mil sikhs em Déli; eventos mais recentes incluem graves confrontos em Muzaffarnagar, no estado de Uttar Pradesh, que custaram a vida de 43 muçulmanos e vinte hindus em 2013, e os tumultos de 2020 em Déli – em geral, turbas de hindus atacando muçulmanos –, que contabilizaram 53 mortos.

Acima: Mesquita Gyanvapi (1669), no centro da cidade de Varanasi. A área encontra-se fortemente militarizada desde 2018, quando Narendra Modi ordenou pela primeira vez escavações que identificaram vestígios de um templo hindu anterior, criando um corredor que conecta os restos do templo às margens do Ganges.

A invenção do nacionalismo hindu   21

antes se aglomeravam nos templos, eram forçados a permanecer em suas aldeias e atender às necessidades espirituais dos moradores. A ênfase de suas funções, portanto, mudou da condução de elaborados ritos para a orientação dos aldeões em relação a seus problemas do cotidiano. A importância do ritual no hinduísmo, portanto, diminuiu, ao passo que a do darma aumentou.

O hinduísmo precisou enfrentar o desafio do sufismo islâmico, e o fez disseminando as ideias centrais do darma, já adotadas e rejuvenescidas pelo movimento *bhakti*, por meio da literatura, da poesia e da música de Tulsidas, Surdas, Kabir, Rahim, Mira Bai, Tukaram, Chokhamela e uma série de poetas, bardos e cantores menos célebres. A interação entre as duas religiões tornou o hinduísmo acessível e, por outro lado, suavizou ainda mais o islamismo, de modo que, excetuando as escrituras, não muita coisa separava um do outro. Nenhum verso que conheço capta isso de forma mais sucinta do que um dístico do poeta Kabir, de fins do século XV, que aprendi ainda criança e que nunca esqueci:

Moko kahaan dhoondhate bande,
Mai to tere paas me;
Na Mai Mandir, na Mai Masjid,
Naa Kaaba Kailash me.

[Onde me buscas, devoto,
se estou bem ao teu lado?
Não no templo, nem na mesquita,
não na Kaaba, nem no monte Kailash,
hás de me encontrar.]

A melhor demonstração dessa profunda reconciliação entre hinduísmo e sufismo talvez esteja nos escritos de guru Nanak e de outros gurus do sikhismo. E não se limitou às aldeias, tendo sido codificada no século XVI como *din-e Ilahi*, a religião de Deus, por ninguém menos que o imperador Akbar, o Grande, no auge do Império Mogol. Certos historiadores britânicos enxergaram aí uma tentativa de fundar uma nova fé baseada na tolerância universal; outros a rejeitaram como uma seita religiosa que nunca angariou mais do que dezenove seguidores. Na realidade, Akbar não tinha essa pretensão. O *din-e Ilahi* não era mais do que uma condensação do que o mundo corporativo de hoje chamaria de «boas práticas» da heterodoxa população indiana. Propagava *sulh-i-kul*, a paz universal, e incitava o reino a praticar dez virtudes, entre elas: ser tolerante e bem-intencionado; abster-se de ações hostis; combater a agressividade agindo com gentileza; abster-se de desejos mundanos; meditar com frequência sobre as consequências das próprias ações e «permitir que a vontade dos irmãos tenha precedência sobre a nossa» – em suma, pôr o bem-estar dos semelhantes à frente do nosso. Akbar não queria fazer proselitismo, ao contrário do grande imperador da dinastia máuria, Açocavardana, que 1,8 mil anos antes promulgara os éditos budistas. Akbar não fez nada semelhante, nem criou uma polícia religiosa para supervisionar a observância dos princípios.

A importância do *din-e Ilahi* está naquilo que ele *não* prescreve: ele *não* atribui primazia ao islã e *não* confere ao clero muçulmano um lugar especial na estrutura do Estado. Pelo contrário: é enfático ao declarar que «ele – o imperador, ou seja, o Estado – não reconheceria nenhuma diferença entre as religiões, seu objetivo consistindo em unir todos os homens em um vínculo comum de paz». O documento inteiro consistia, portanto, numa reafirmação do darma em roupagem contemporânea. Se alguma «religião» pode cantar vitória na grande batalha ideológica que se seguiu à chegada do islã à Índia, essa religião é o darma.

Entre os hindus, a prática do darma foi – e continua sendo – maculada por apoiar a noção de pureza e conspurcação ritual associadas à casta. Mas sua ideia central, de que a verdadeira religião não é o que pregamos, mas o que praticamos, continua sendo a força motriz por trás de todos os movimentos de reforma religiosa, de Buda até hoje. Foi com essa imagem que o monge Swami Vivekananda eletrizou o Parlamento das Religiões do Mundo em Chicago, em 1893, explicando que o hinduísmo não apenas tolera, mas aceita todas as grandes religiões do mundo, pois são caminhos diferentes rumo ao topo da mesma montanha ou diferentes rios que deságuam no mesmo mar.

Nem mesmo a sangrenta divisão entre Índia e Paquistão em 1947 eliminou o impulso do sincretismo no islã. No Paquistão, essa inclinação se converteu num estudo sério dos escritos de Dara Shikoh (1615--1659), neto de Akbar, primogênito e herdeiro legítimo de seu sucessor, Shah Jahan. Dara Shikoh foi um estudioso do sânscrito e tradutor do *Bhagavad Gita*, um dos textos sagrados do hinduísmo. Não fazia segredo de seu fascínio por *din-e Ilahi* e de sua intenção de propagá-lo por todo o reino. Teve, contudo, a vida interrompida em 1659 pelo irmão mais novo, Aurangzeb, de orientação religiosa ortodoxa.

Em 2010, o célebre dramaturgo paquistanês Shahid Nadeem escreveu *Dara*, uma peça que destacava o sincretismo de seu protagonista como forma de protesto contra o sectarismo islâmico desenfreado que a Partição havia desencadeado no Paquistão e continuava a dilacerar o país. Três anos depois, dois historiadores paquistaneses da Government College University Faisalabad publicaram no *International Journal of History and Research* o artigo «Dara Shikoh: Mistical and Philosophical Discourse» [Dara Shikoh: discurso místico e filosófico], que destacava a profunda convicção de Shikoh de que «as tradições místicas do hinduísmo e do islã falam da mesma verdade».

Esse sincretismo admirável da religião na terra do darma garantiu que os muçulmanos indianos se mostrassem praticamente imunes à sedução do Estado Islâmico na Síria e no Iraque: dos cerca de 31 mil combatentes, 27 mil eram muçulmanos europeus e apenas 106 eram indianos – destes, apenas três partiram direto da Índia; os demais foram recrutados quando viviam no Golfo, empregados em trabalhos sazonais.

É o sincretismo admirável da Índia que os devotos do *hindutva* e *hindu rashtra* estão decididos a destruir. *Hindutva* é, como se vê, a antítese completa do darma.

NARENDRA MODI

Nascido em 1950 em uma família humilde do estado de Gujarat, Modi cresceu vendendo chá nas ruas e frequentando o braço local da rss, a plataforma de lançamento para sua ascensão no bjp. Depois de anos de ativismo, venceu as eleições em Gujarat, acusando o primeiro-ministro anterior de corrupção. Chegando ao poder alguns meses após os ataques de 11 de setembro em Nova York, tratou de atiçar o sentimento antimuçulmano, tendo a carreira marcada por suspeitas de envolvimento nos pogroms de 2002. Ao longo de três mandatos sucessivos no estado, mesclou retórica nacionalista com uma imagem de reformador orientado para o livre mercado, conquistando o apoio de industriais do primeiro escalão, numa adesão que se mostrou decisiva para sua vitória nas eleições gerais de 2014.

Durante o primeiro mandato, surpreendeu boa parte da população com um programa de desmonetização: os cidadãos tiveram apenas um mês e meio para se livrar de suas notas de 1.000 e 500 rúpias (86% do dinheiro em circulação), declaradas obsoletas a partir de 30 de dezembro de 2016. Após semanas de caos e agitações – incluindo filas intermináveis em bancos sem cédulas suficientes –, a situação se estabilizou. A economia, porém, não parece ter se beneficiado com a medida, nem com a tentativa de combate à evasão fiscal em 2017 – uma reforma tributária histórica que diminuiu a pressão fiscal, introduzindo um imposto único sobre o consumo. O desemprego, por sua vez, cresceu ao longo do primeiro mandato de Modi, passando de 2,2% em 2012 para 6,1% em 2018. Isso não o impediu de obter maioria absoluta, garantindo o segundo mandato em 2019.

À esquerda: Grupo afiliado à RSS saúda a bandeira cor de açafrão durante o *shakha*, encontro para exercícios físicos e mentais realizado todas as manhãs em dezenas de milhares de locais por todo o país.

AS ORIGENS DO *HINDUTVA*

Na década de 1920, o desejo de militarizar o hinduísmo talvez pudesse ser justificável: era um gesto de desespero. O Partido do Congresso não passava de uma associação da classe média que se reunia para alguns debates, a doutrina *satyagraha* (resistência passiva buscando paralisar o governo) de Mahatma Gandhi ainda era bastante desconhecida, e os britânicos fuzilavam ou enforcavam aqueles que lutavam pela liberdade, rotulando-os de terroristas. Mas o último resquício que poderia «justificar» esse procedimento desapareceu quando a Índia obteve sua independência, pois a criação do Paquistão cumpriu pelo menos um dos objetivos da RSS: livrou a Índia de todos os muçulmanos que não aceitavam fazer parte do *sanskriti* hindu de Savarkar.

Um terço dos muçulmanos que permaneceram na Índia, portanto, jurou lealdade ao país. Assim, o que alimentava a raiva frenética contra a Partição a que a RSS dava vazão logo após a independência? Por que celebraram às escâncaras o assassinato de Mahatma Gandhi, heroicizando Nathuram Godse, seu assassino? E o que os movia a seguir demonizando os muçulmanos indianos, mesmo quando eles deixaram de ser uma ameaça para a Índia «hindu»? Porque o objetivo da RSS jamais foi simplesmente expulsar os britânicos da Índia, mas tomar seu lugar, fundando uma Índia hindu à imagem do *hindu rashtra*.

Hoje a Sangh Parivar busca emplacar Savarkar e o fundador da RSS, Keshav Baliram Hedgewar, como heróis da independência.

Mas C. P. Bhishikar, que escreveu uma biografia de Hedgewar, e algumas observações feitas por seu sucessor, Madhav Sadashiv Golwalkar, demonstraram que, da Marcha do Sal em 1930 até o célebre discurso exigindo a retirada britânica em agosto de 1940, a RSS se opôs fortemente a todas as tentativas de garantir a libertação por meio da via pacífica *satyagraha* de Gandhi, e chegou a oferecer membros de suas fileiras ao governo para atuar como guardas civis, contendo a agitação que o discurso de Gandhi gerava. Para a RSS, a liberdade era menos importante do que o poder. A organização precisava de mais tempo para criar as legiões de seguidores do *hindutva*, com as quais esperava garantir o controle sobre o país. E, para isso, tal como no caso dos regimes fascistas na Europa, era necessário um inimigo que induzisse as pessoas ao ódio e ao medo, justificando sua criação.

Surpreendida pela Partição – que o vice-rei Mountbatten anunciou apenas em março de 1947 –, a RSS ainda arriscou uma tentativa de tomada do poder, na esteira da turbulência desencadeada pela divisão entre Índia e Paquistão, e pelo assassinato de Mahatma Gandhi. Consequentemente, o partido foi banido por vários anos. O poder, contudo, continuou sendo seu objetivo inabalável ao longo de todas as vicissitudes que experimentou desde então.

E AGORA?

A segunda vitória do BJP em 2019 removeu todos os obstáculos políticos e constitucionais para que em 2023 a RSS alcance a meta que se propôs. Narendra Modi levou o movimento ao poder em uma onda que muito provavelmente se afirmará também nas eleições para a Assembleia Estadual, garantindo maioria na Câmara Alta do parlamento, necessária para mudar a Constituição indiana. Mas Modi e a RSS têm pressa – e pouco apetite para os debates que ocorrerão no parlamento e na sociedade civil quando o governo apresentar projetos de lei que pretendam mudanças radicais Constituição. Para tanto o BJP recorre a truques jurídicos a fim de iniciar um processo de limpeza étnica e solapar as salvaguardas constitucionais que protegem a «federação de etnias» da Índia.

Esse processo começou poucas semanas depois de o BJP voltar ao poder. O governo finalizou um registro nacional de cidadãos em Assam que deixou de fora 1,9 milhão de pessoas, incluindo gente que vivia no estado com famílias e filhos havia cinco ou mais décadas. Para abrigá-las «temporariamente» até que sejam repatriadas para Bangladesh ou outro lugar, o governo está construindo campos de «detenção» em Assam, tendo emitido uma diretiva aos chefes administrativos de todos os 724 distritos da Índia para que reservassem locais para instalações semelhantes em seus distritos, caso haja necessidade. Ficou evidente que os alvos são os imigrantes muçulmanos de Bangladesh quando o governo do BJP em Assam pediu uma emenda às regras de cidadania que permitiria limitar a repatriação apenas a esse grupo. A emenda, Lei de Emenda à Cidadania, tornou-se necessária quando se percebeu que uma grande proporção dos identificados como imigrantes ilegais eram hindus expulsos pelo exército paquistanês em 1971 ou por aldeões hostis que ocuparam suas terras e não lhes permitiram voltar para suas aldeias após o fim do conflito.

O ataque ao sincretismo religioso da Índia foi lançado justo no lugar em que ele seguiu florescendo até bem depois da Partição, sobrevivendo até hoje: o estado de Jammu e Caxemira. Em 5 de agosto de 2019, o governo se valeu de um truque constitucional para dissolver o estado da Caxemira, transformando-o em um território da União a ser administrado diretamente de Déli, sem nenhuma referência à sua legislação ou ao seu povo.

O paralelo histórico mais próximo que se pode fazer com a vitória do BJP é o retorno de Hitler ao poder em março de 1933. A campanha nazista também se baseou no ódio e na paranoia. Seus alvos eram sobretudo os judeus, mas também os ciganos – vistos como mais uma raça inferior e impura – e os comunistas. Tal o BJP hoje, os nazistas aproveitaram o colapso da economia alemã após o crash de Wall Street em 1929 para tomar o poder em 1930 com 18% dos votos. Três anos depois, sua retórica de ódio havia angariado o apoio de 43% do eleitorado. Poucos dias depois dos resultados de janeiro de 1933, as tropas nazistas incitaram um simpatizante comunista a incendiar o edifício do parlamento alemão, auxiliando-o na tarefa. Na histeria anticomunista que se seguiu, Hitler venceu as eleições de março de 1933, persuadiu o presidente Hindenburg e o parlamento alemão a aprovar uma lei que lhe concedia poderes extraordinários e o declarva chanceler vitalício, destruindo, assim, a República de Weimar. Suas tropas passaram a atacar sistematicamente judeus, ciganos e comunistas, construindo centros de detenção e, mais tarde, iniciando o programa de extermínio em massa nas câmaras de gás.

O experimento nazista terminou com a derrota, a destruição e a dissecação da Alemanha pré-guerra. O experimento *hindutva* está apenas começando e não podemos prever com certeza onde ele terminará, mas o futuro parece sombrio. O governo Modi deve permanecer no poder até maio de 2024. Só uma oposição no parlamento e na sociedade civil que redescubra o darma e o celebre contra *hindutva* terá alguma chance de interromper a disparada rumo ao desastre. 🪶

Acima: Habitantes de Varanesi caminham entre os destroços de vários edifícios demolidos nas redondezas da mesquita Gyanvapi.

IN/VISÍVEIS
O lugar da mulher na Índia

TISHANI DOSHI

Por que o número de mulheres no mercado de trabalho vem caindo, a despeito do crescimento da economia? Pequenos avanços na legislação e o clamor provocado por notórios atos de violência não bastaram para abalar um modelo de sociedade que vê as mulheres confinadas às tarefas domésticas.

Uma mulher na rua em Neemli, Rajastão.

I

Em abril de 2006, visitei a vila de Koovagam em Tâmil Nadu para cobrir o maior encontro trans do país. Alguns meses antes do festival eu já vinha entrevistando um grupo de pessoas transgênero, conhecidas na Índia por várias designações – *hijras*, *aravanis*, *kothis* –, e elas consentiram que meu cinegrafista e eu as acompanhássemos.

A principal festa ocorre numa noite, e é celebrada na única rua da vila. Dias antes do evento fomos à Viluppuram, uma cidadezinha próxima onde comunidades de transgênero realizavam concursos de beleza e campanhas de conscientização sobre o HIV. O hotel em que nos hospedamos era uma animação só. Hijras transbordavam dos quartos, recostavam-se nos corrimãos, faziam caras e bocas. Homens de todos os tipos subiam e desciam as escadas, entrando e saindo dos cômodos em busca de sexo. A líder de nosso grupo foi franca e direta: a prostituição pagava as contas. Só oito anos depois, em abril de 2014, a Suprema Corte concederia às hijras o status de terceiro gênero, autorizando-as a obter cartões de racionamento e outros documentos do governo que lhes permitiriam participar da vida cívica. Mas em 2006 elas ainda não tinham nenhum direito civil e viviam sobretudo de esmolas e prostituição.

Entre os muitos encontros pagos que meu cinegrafista e eu testemunhamos ao longo daqueles dias, também havia espaço para a ternura. Naqueles quartos, ouvimos casos de amor entre pessoas cis e trans, ricas e pobres, histórias de força bollywoodiana e shakespeariana. Passamos muitas tardes ao redor de uma cama, examinando as lembrancinhas deixadas pelos amantes: símbolos para provar que elas eram mulheres, e amadas e desejadas pelos homens.

Na grande noite do festival, viajamos em bando para a vila de Koovagam. Todas estavam vestidas de noiva. Lá chegando, elas se dispersaram em diferentes direções, iluminadas pelos lampiões. A cena era uma mistura de carnaval e peregrinação, milhares de pessoas se movimentando como uma onda vibrante. Havia uma quermesse com carrosséis, barracas de algodão-doce e amendoim, música altíssima vinda de todos os cantos. Tudo e todos pareciam hologramas. Olhando por certo ângulo, via-se um homem; por outro, uma mulher. Isso me fez pensar nos versos famosos do poeta *bhakti* Dasimayya, que no século XX escreveu:

Se eles veem
seios e cabelos longos se aproximando,
chamam de mulher,
se barba e bigode
chamam de homem:

TISHANI DOSHI — Premiada poeta, romancista e dançarina. Seus livros mais recentes são *Girls Are Coming Out of the Woods* [As garotas estão saindo da floresta], finalista do Ted Hughes Poetry Award, e o romance *Small Days and Nights* [Pequenos dias e noites], selecionado para o Prêmio RSL Ondaatje e no New York Times Bestsellers Editor's Choice. O livro de poemas *A God at the Door* [Um deus à porta] foi publicado na primavera de 2021 pela Copper Canyon (EUA), Bloodaxe (Reino Unido) e HarperCollins (Índia). Doshi é professora visitante de escrita criativa na NYU, em Abu Dhabi, e mora numa praia do estado de Tâmil Nadu, na Índia.

mas, veja, o ser que paira
no meio
não é homem nem mulher,
Ó, Ramanatha.

O templo de Koovagam realizava cerimônias de casamento em massa durante toda a noite. Hijras se ofereciam como noivas para Aravan. A lenda do príncipe guerreiro Aravan, personagem menor do poema épico *Mahabharata*, conta que ele era um homem dotado das mais perfeitas qualidades, mas destinado a morrer jovem, em combate. Aravan estava disposto a entregar a vida, sob a condição de que antes lhe fosse permitido conhecer a felicidade conjugal – em outras palavras, perder a virgindade. A única mulher que aceitou a viuvez predestinada era uma hijra. Assim, nós assistimos à reencenação desse mito repetidas vezes. Noivas não paravam de entrar no templo. Algumas casavam com Aravans de carne e osso, mas para a maioria o marido divino era simbólico.

Naquela noite, o cinegrafista e eu dormimos na cobertura do templo, enquanto a pequena vila do sul da Índia cintilava ao nosso redor. Casais se retiravam para os campos de cana-de-açúcar das redondezas, desfrutando da felicidade da noite de núpcias. As hijras de disposição mais espiritual iam para os quartos de hotel. De manhã o luto começava e as hijras cumpriam os rituais da viuvez: quebravam suas pulseiras, batiam no peito e gemiam, banhavam-se no tanque do templo, depois se cobriam com o sári branco das viúvas e voltavam para casa. No ano seguinte fariam tudo de novo.

Lembro que na ocasião pensei, e não mudei de ideia, que aquilo que em outras partes do mundo seria uma parada gay era uma coisa muito mais complicada na Índia. Era uma manifestação para celebrar a identidade queer, sim, mas os aspectos

alegóricos, carnais e espirituais se combinavam, e tudo acontecia numa vila de uma rua só, não em um centro urbano pulsante. Aqui os mitos eram tão caleidoscópicos que permitiam todo tipo de fluidez de gênero. E, mesmo que as pessoas transgênero em geral vivam nas franjas da sociedade, ainda havia ocasiões em que elas podiam ocupar um espaço central.

Mais tarde me ocorreu que eu jamais havia testemunhado tamanha gama de desejos sexuais: engenheiros de software iam ao festival para se travestir e rebolar à vontade, homens gays que jamais sairiam do armário; hijras presas em seus corpos fugiam de vilas e cidades de todo o país, constituíam novas famílias, novas comunidades – algumas se castravam, outras economizavam para a mudança de sexo e o tratamento hormonal; havia também as que usavam sáris, mas exibiam uma barbicha no queixo, contentes em flutuar nessa ambiguidade; motoristas e caixas de banco, heterossexuais, pagavam por sexo com hijras, pois era mais barato: não precisavam alugar um quarto de hotel ou comprar comida ou cerveja, bastava levá-las para trás de um caminhão.

Todo o espectro da masculinidade indiana extrapolava qualquer ideia binária que eu pudesse ter sobre gênero e sexualidade. E, embora fosse louvável que uma pequena vila ao sul do país por alguns dias oferecesse a oportunidade de apresentar tantos desafios aos estereótipos de gênero, compreendi que o movimento se dava apenas numa direção: era uma demonstração do anseio masculino pelo feminino, um meio de acessar a potente energia feminina e nela se dissolver. E pensei: onde as mulheres indianas que se sentem presas em seus corpos podem entrar livremente em contato com a energia masculina? É possível imaginar um espaço, visível, que possibilite isso?

In/visíveis

II

Em 16 de dezembro de 2012, Jyoti Singh, de 23 anos, voltava do cinema com um amigo, Awindra Pandey, depois de assistir a uma sessão noturna de *A vida de Pi*. Ela trabalhava à noite em um call center da IBM para bancar a própria faculdade de medicina. Naquela noite ela e Awindra subiram em um ônibus branco. Havia cinco outros passageiros, todos homens e jovens. Por uma hora eles morderam seu corpo inteiro e, depois de estuprá-la, arrancaram boa parte de seus intestinos penetrando-a com uma barra de ferro. O motorista foi o primeiro, e os outros o seguiram. Sempre que Awindra tentava interceder, era surrado com a barra de ferro, chegando a ficar desacordado. Depois que os homens acabaram o serviço, jogaram os corpos seminus de Awindra e Jyoti para fora do ônibus em movimento, na beira da estrada, onde foram encontrados pela polícia.

Jyoti Singh sucumbiu aos ferimentos doze dias depois. Em um pedaço de papel ela escreveu aos médicos: «Eu quero sobreviver». Hoje o mundo conhece alguns ou a maioria desses detalhes. Conhecemos a terrível história de Jyoti Singh porque, embora um estupro seja relatado a cada quinze minutos na Índia, foi essa a história que nos catalisou como nação e se espalhou pelo mundo.

Vinte anos antes, em setembro de 1992, houve um episódio semelhante e também catalisador. Bhanwari Devi, assistente social dálite no Rajastão, foi atacada no campo em que trabalhava com o marido por cinco homens de uma casta superior. Dois deles espancaram o marido com varas, imobilizando-o, enquanto os outros três se revezaram para estuprá-la. Os homens queriam punir Bhanwari Devi porque ela vinha lutando para impedir que um casamento infantil acontecesse na família de um deles. Ela própria havia sido uma noiva-criança, e agora trabalhava com uma organização, indo de porta em porta explicar às mulheres os benefícios do planejamento familiar, desencorajando-as a aceitar matrimônios a que deveriam levar um dote e dissuadindo-as de realizar o feticídio e o infanticídio, práticas difundidas na Índia rural (e não só) para impedir o nascimento de mulheres.

Devi denunciou o estupro na delegacia. Saiu de lá sem a saia, que foi requisitada como «prova». Ela precisou usar o turbante manchado de sangue do marido para se cobrir e caminhar até a vila, por três quilômetros, à uma hora da madrugada. Acusada de mentir, viu-se relegada ao ostracismo pelos aldeões. O juiz inocentou os estupradores, alegando, entre outras razões, que homens de diferentes castas não participavam de estupros coletivos; homens com mais de sessenta ou setenta anos não estupravam; chefes de aldeia não estupravam; membros de uma casta superior não estupravam mulheres de uma casta inferior e assim por diante. Manifestantes foram às ruas depois da sentença, mas, a despeito de várias intervenções de ativistas e da Comissão Nacional para Mulheres, Devi não obteve justiça. Seu caso, no entanto, abriu caminho para que em 1997 se criassem importantes leis de proteção contra o abuso sexual em locais de trabalho: as Diretrizes Vishaka.

Não faltaram eventos catalisadores antes e depois de Bhanwari Devi e Jyoti Singh. Todos os anos, todos os meses, todos os dias, basta abrir os jornais para deparar com algum ato de violência contra uma menina ou mulher na Índia, episódios tão terríveis, tão absurdos que o leitor pensa que a partir daí a sociedade enfim se transformará. Mas infelizmente a sociedade indiana é estratificada, existem várias camadas de entrincheiramento em questão. O patriarcado é a mortalha que sufoca

Acima: Uma hijra participa de uma festa de aniversário. Pessoas transgênero, transexuais ou intersexuais, em geral relegadas à margem da sociedade, são frequentemente convidadas para cerimônias, pois se diz que suas bênçãos trazem sorte.

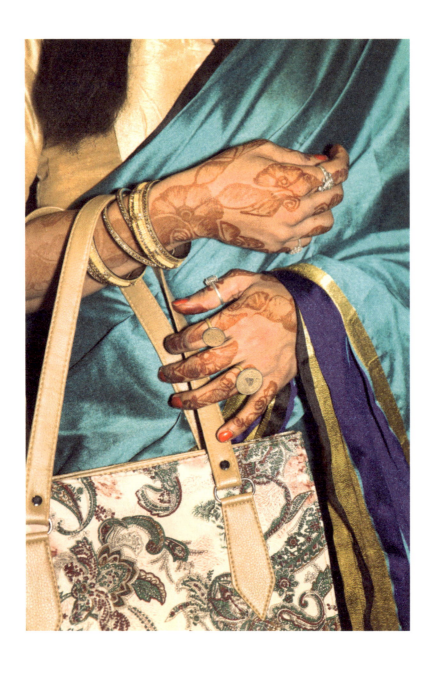

Acima: As mãos da transgênero Gouri Sharma, na Parada de Orgulho Gay em Déli.

o país inteiro, mas também são asfixiantes os fios de casta e religião que tecem a trama desse sudário. A mudança, portanto, nunca será completamente transformadora, mas significará um passo adiante. E não se pode ter a certeza de que, uma vez garantidos certos direitos, não haverá ocasiões de retrocesso.

III

Cresci em Madras, hoje Chennai, capital do estado de Tâmil Nadu. Minha família almoçava todo domingo na casa do meu avô paterno. Um homem que não era de muita conversa, mas que todo domingo me cumprimentava em guzarate, sua língua natal, com a pergunta: «Tishani, já aprendeu a fazer *rotis*?». E todo domingo eu dizia que não com a cabeça, não tinha aprendido a fazer pão, e saía correndo.

A mesa de jantar era pequena, então comíamos em turnos. Homens primeiro, crianças depois, mulheres por último. Porque havia mais mulheres na família, e porque eu era um diabrete que vivia com fome, tinha permissão para comer com os homens. Em um gesto feminista inconsciente, eu entendia a cozinha como um lugar de aprisionamento. Não tinha vontade de entrar lá. Eu me sentava com meu avô, meu pai, meus irmão e tios, servindo-me de comida fresca e quente, enquanto minhas primas (todas meninas) e tias traziam os *rotis* e *chapatis* recém-saídos do fogo. Depois de comer, os homens deitavam-se nos sofás para um cochilo vespertino, e eu fazia o mesmo.

Nossa família tinha uma estrutura tradicional: as mulheres ficavam em casa, os homens eram os provedores que trabalhavam seis dias por semana nos negócios da família. Domingo era o único dia em que podiam tirar uma soneca à tarde. Meu pai e meus tios ainda trabalham seis dias por semana, embora já tenham passado da idade

HIJRAS

Veneradas e admiradas na Índia antiga, hoje discriminadas e marginalizadas, as hijras são transexuais que vivem às margens da sociedade, em comunidades que acolhem as pessoas que passaram por cirurgia ou tratamento hormonal para mudança de sexo, ou que exibem configurações genitais ambíguas. O termo «hijra» identifica uma comunidade consciente de seu papel no horizonte da religião tradicional indiana, e de seu compromisso com essa escolha. Sua história remonta ao século IV a.C.: como sacerdotisas da fertilidade, eram figuras sagradas, semidivinas; sob o Império Mogol, eram conselheiras, confidentes e guardiãs do palácio real. Depois da colonização britânica, seu papel mudou radicalmente: hoje constituem uma população de quase 3 milhões de pessoas que vivem em comunidades nas favelas das grandes cidades indianas, abandonadas por suas famílias e sujeitas a ameaças e violências brutais. Enroladas em sáris coloridos e ostentando bijuterias tilintantes, elas em geral se reúnem em casas abarrotadas, onde a *nayak*, a guia espiritual, cerca-se de seguidoras conhecidas como *chelas*. Hijras devem respeitar a hierarquia da comunidade e seguir certas regras. Só há três ocupações disponíveis para elas: *badhai*, cantar e dançar em casamentos e outras cerimônias; *mangti*, pedir esmolas; e *dhanda*, prostituir-se, a grande causa para a prevalência de HIV entre elas. Apesar do reconhecimento oficial do terceiro gênero em 2014, as hijras ainda estão por encontrar lugar na sociedade indiana.

In/visíveis

de se aposentar há muito tempo. Todas as minhas primas, com exceção de duas, trabalham em tempo integral ou parcial e sabem fazer *rotis*. Eu ainda não aprendi a fazer pão, mas trabalho.

IV

Em 2018, um grafite viralizou na Índia. A arte exibia uma garotinha preparando *rotis*, abrindo a massa com um rolo, olhando fixo para o espectador. A mensagem em hindi que acompanhava a imagem dizia: «Como você vai comer os *rotis* feitos pelas mãos dela, se você nem deixa sua filha nascer?». Fazia parte da campanha *Beti bachao, beti padhao* («Salve a menina, eduque a menina»), do primeiro-ministro Narendra Modi, e acabou representando todas as contradições inerentes ao tratamento de mulheres e meninas na Índia.

As pessoas estão habituadas a esperar contradições na Índia. As divindades hindus de riqueza e conhecimento, Lakshmi e Saraswati, são deusas; as mulheres, porém, nem sempre são honradas como deusas, nem mesmo em casa ou em família. A alfabetização e a urbanização femininas estão aumentando, as taxas de fertilidade vêm decaindo, o que em qualquer outro país em desenvolvimento indicaria que agora as mulheres têm mais tempo para investir em suas carreiras... Mas não na Índia, onde as taxas de emprego entre mulheres diminuíram drasticamente. O que acontece?

Um visitante pode acreditar na história que o país conta a si mesmo: as mulheres ocupam um lugar central na economia. Para onde se olhe, há mulheres trabalhando, ao contrário dos bandos de homens desocupados que costumamos avistar por todas as cidades indianas. Isso é raro no caso das mulheres, que parecem sempre ocupadas com alguma coisa: caminhando com sacolas de compras, carregando lenha ou potes

PRIMEIRO, ALGUMAS ESTATÍSTICAS:

Primeiro, algumas estatísticas:
• Em 2019, para cada 1.000 meninos nascidos, contavam-se apenas 930 mulheres.
• As mulheres contribuem com apenas um sexto da produção econômica do país, um dos percentuais mais baixos no mundo, metade da média global.
• Apesar do aumento das taxas de alfabetização feminina e da queda da fertilidade, a proporção de mulheres no mercado de trabalho caiu de 35% em 2015 para 26% em 2018.
• Entre os países do G20, apenas as mulheres da Arábia Saudita têm menos probabilidade de trabalhar que as indianas.
• 49% das mulheres entre 15 e 24 anos (contra 8,1% dos homens) não recebem educação ou formação profissional.
• Pelo mesmo trabalho, as mulheres ganham 62% do salário dos homens
• Segundo estimativas do FMI, se a Índia reequilibrasse sua força de trabalho o país ficaria 27% mais rico.
• Dois terços da população vivem no campo, e mais da metade da força de trabalho feminina está empregada na agricultura.
• Menos de 13% das terras agrícolas são controladas por mulheres.
• Para 41% dos jovens indianos, é melhor que as mulheres casadas não trabalhem.
• A taxa de suicídio entre as mulheres é maior do que entre os homens: a cada ano, mais de 20 mil donas de casa se suicidam.
• As mulheres fazem 90% do trabalho doméstico, a maior proporção do mundo.
• Na Índia, apenas um em cada oito membros do parlamento é mulher; dos 23 juízes do Supremo Tribunal, apenas dois são mulheres.

> «Infelizmente a sociedade indiana é estratificada, existem várias camadas de entrincheiramento em questão. O patriarcado é a mortalha que sufoca o país inteiro, mas também são asfixiantes os fios de casta e religião que tecem a trama desse sudário.»

de água, pastoreando cabras, vacas, crianças. Mesmo desconsiderando o volume gigantesco de trabalho doméstico diário – e invisível – executado pelas mulheres, e que não é contabilizado como parte do PIB, os números ainda apontam para uma direção preocupante. Por que, considerando que as meninas se saem muito melhor do que os meninos na escola, os números em termos de emprego não refletem essa realidade?

Existem questões de infraestrutura, é claro: as coisas poderiam ser melhores se o governo criasse mais creches, pacotes de licença-maternidade, um sistema de transporte mais seguro, ruas mais iluminadas. Mas o fator determinante é a expectativa patriarcal da sociedade: cabe às mulheres todo e qualquer trabalho doméstico. São elas que devem cozinhar, limpar, cuidar dos jovens e dos idosos. Se quiserem trabalhar, a família decerto apreciará a renda extra, mas não lhes sobrará tempo para o sono ou algum lazer. É a «pena matrimonial». As estatísticas revelam um aumento na força de trabalho no caso das mulheres solteiras; o número de casadas que trabalham permaneceu invariável nas áreas urbanas e diminuiu nas áreas rurais por um motivo simples: é extenuante arcar com todo o trabalho doméstico e trabalhar no campo.

Como disse uma jornalista: «As mulheres preferem renunciar ao trabalho a morrer por excesso de trabalho».

v

Em 2018, segundo a Thomas Reuters Foundation, a Índia era o país mais perigoso do mundo para as mulheres. Foram levadas em consideração estatísticas sobre violência sexual, tráfico humano, ataques com ácido, feticídio e infanticídio femininos, crimes de honra, casamentos forçados e assim por diante. Os dados apontaram que os crimes contra mulheres na Índia aumentaram 83% entre 2007 e 2016, registrando-se quatro casos de estupro por hora.

Nesse ritmo, a escala da violência funciona assim: mais cedo ou mais tarde, o círculo vai abarcar todos nós. A violência não será mera abstração. Mesmo que não nos toque diretamente, tocará alguém perto de nós.

Em 5 de outubro de 2016, Monika Ghurde, fotógrafa e perfumista, foi assassinada em seu apartamento em Goa. Monika e eu fomos amigas e vizinhas em Madras por muitos anos, até sua mudança para Goa. Separada do marido havia pouco, morava sozinha num condomínio em um bairro nobre. Seu corpo foi encontrado amarrado à cama, seminu e com sinais de estrangulamento. Logo depois se descobriu que o autor do crime era o segurança de 21 anos que trabalhava no mesmo condomínio.

Os jornais se debruçaram sobre os aspectos sórdidos do crime. Ela era uma mulher jovem e atraente, e boa parte das reportagens não pouparam especulações intermináveis sobre sua vida, seu caráter, seu privilégio, seu estado civil. Para os amigos, era insuportável que ela tivesse sido morta daquela maneira, que fosse sempre lembrada como a moça que morreu amarrada à própria cama. Também era intolerável que uma mulher morresse de forma tão terrível e depois

In/visíveis

In/visíveis

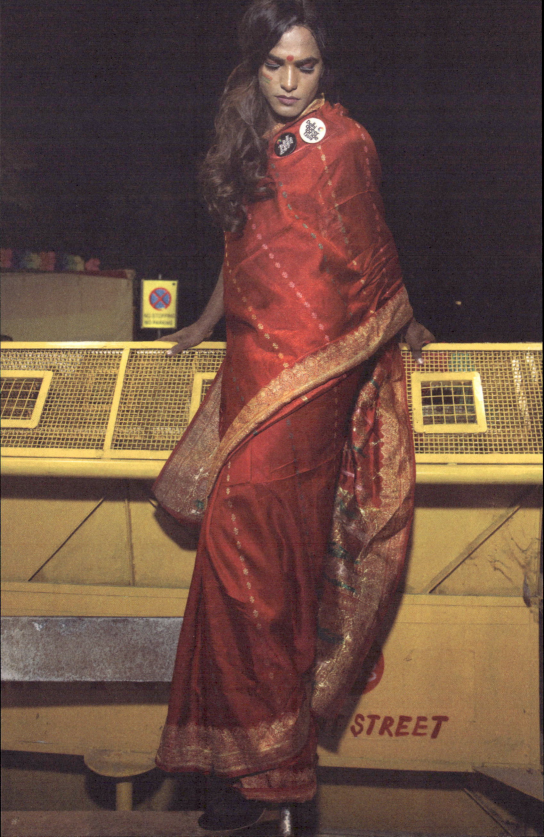

Páginas 38-39: Uma hijra se apresenta em uma festa de aniversário em Nova Déli.
À esquerda: Posando para uma foto durante a celebração da Parada do Orgulho Gay em Déli.

tivesse de morrer repetidas vezes a cada vez que se falava do assunto. Na tentativa de contrabalançar as narrativas canônicas da violência física e sexual contra mulheres, que dessa forma são assim desumanizadas, cinco amigas e eu decidimos render tributos a Monika e publicá-los em diferentes meios de comunicação, para que o valor de sua vida não fosse necessariamente reduzido à natureza de sua morte. Queríamos ressaltar que cada mulher assassinada é uma pessoa, não uma estatística.

Três anos depois do assassinato de Monika, as coisas ainda não estão bem claras. O rapaz culpabilizado está sendo submetido a vários tratamentos psicológicos, e abundam teorias da conspiração. Resta a sensação de que nunca saberemos o que aconteceu, mas ela está morta, é o que temos. Pesquisando seu nome no Google, uma busca frequente é: «Fotos do cadáver de Monika Ghurde».

Uma violência nessa escala leva as mulheres na Índia a ter medo de morarem sozinhas. A própria Monika não se sentia segura; teve aulas de artes marciais e era cautelosa a ponto de ser paranoica em relação à segurança. Os políticos às vezes dizem que, se você quiser manter suas filhas longe do perigo, é preciso estacioná-las em casa, como se fossem carros, para que não sejam arranhadas – o problema é que todas as evidências apontam a própria casa como um dos lugares mais perigosos para as mulheres. Monika estava em casa. E Monika foi morta.

Nessas proporções, a violência funciona assim: em um país como a Índia, uma

população de mulheres do tamanho do Sri Lanka pode ser «desaparecida». Não apenas literalmente, mas também metaforicamente. A BBC revelou que 21 milhões de indianas tiveram o direito de voto negado nas eleições de 2019, pois seus nomes não foram encontrados no registro eleitoral. Era como se não existissem. Outra reportagem revelou que existem vilas no cinturão da cana-de-açúcar da Índia onde há mulheres sem útero: foram obrigadas a se submeter a histerectomias para não faltar ao trabalho durante os ciclos menstruais.

Se botarmos as histórias desse tipo uma ao lado da outra, se as empilharmos, obteremos uma quimera efêmera da história das mulheres na Índia. Trata-se de um país que, por um lado, atribui toda a criação ao princípio feminino, venera suas deusas com fervor, reza nas ruas em santuários dedicados à deusa mãe; considera sacrossanta a ideia de mãe, de procriação; por outro lado, a história nas casas e nas ruas, nas empresas e universidades, na igreja, no templo e na mesquita é uma história de violência ininterrupta contra as mulheres, uma violência que se perpetua.

VI

É importante encerrar com um sopro de resiliência, lembrando que a história da resistência feminista na Índia é antiga e profunda.

As mulheres atuaram no movimento pela independência, liderando os esforços contra os britânicos quando muitos dos homens se encontravam presos. Na década de 1970, tivemos o movimento ecofeminista Chipko, no Himalaia, organização popular liderada sobretudo por mulheres que, para evitar o desmatamento das florestas, amarravam-se aos troncos das árvores.

Um dos atos recentes mais corajosos e ousados ocorreu no estado de Manipur, em 2004, quando doze mulheres de meia-idade se despiram do lado de fora da sede da

In/visíveis

organização paramilitar Assam Rifles, em Imphal, segurando na altura do peito uma faixa em que se lia, em vermelho: EXÉRCITO INDIANO, ESTUPRE-NOS. Na noite anterior, durante uma «operação noturna» o exército arrancara de sua casa uma jovem, Thangjam Manorama Devi, sob o pretexto de ela ser uma militante. Horas depois ela foi encontrada morta numa estrada: havia sido estuprada, e se contavam dezesseis ferimentos de bala em seus órgãos genitais. Por muitos anos as Mães de Manipur (Meira Paibi ou «as portadoras da tocha»), grupo que milita pelos direitos civis das mulheres, protestaram, exigindo a revogação da polêmica AFSPA (Armed Forces Special Powers Act), lei de poderes especiais que dá imunidade ao exército indiano em regiões «conflituosas» do país, como o nordeste (onde fica Manipur) e a Caxemira, o que levava à brutalização em larga escala da população, em especial das mulheres.

Diante do estupro e do assassinato de Manorama, essas mulheres não se contentaram com uma mera vigília à luz de velas. Alguma coisa havia mudado: elas precisavam se servir dos próprios corpos como ferramenta. E pensaram: se é tão fácil e comum ser estuprada, por que não andamos nuas? Elas não revelaram sequer aos maridos qual era o plano. Despiram-se em frente ao quartel-general do exército indiano e puseram-se a gritar: «Vamos lá, seus desgraçados, venham nos estuprar, venham nos matar! Todas nós somos mães de Manorama. Venham, nos estuprem, malditos!».

O protesto causou um baita escândalo, as doze mulheres ficaram presas por três meses. Os militares da Assam Rifles logo deixaram o local e a família de Manorama recebeu uma compensação financeira, mas nenhum dos assassinos foi preso.

Outra mulher que vem tentando revogar a mesma lei é Irom Sharmila, também de Manipur, conhecida como «a mulher de ferro», que jejuou por dezesseis anos em protesto. Sharmila disse que não comeria nem beberia, não pentearia o cabelo, não se olharia no espelho e não encontraria a mãe até que a lei draconiana fosse revogada. Ela foi presa sob a acusação de tentativa de suicídio e recebeu alimentação forçada, por intubação nasogástrica, a fim de mantê-la viva sob custódia. Em 2016 encerrou seu jejum e anunciou que disputaria as eleições em Manipur.

Houve outras campanhas e esforços. Movimentos lúdicos, como a campanha Pink Chaddi (calcinha rosa), em 2009, quando centenas de mulheres de todo o país enviaram calcinhas cor-de-rosa para a sede do Sri Ram Sena, organização dedicada ao policiamento moral que espancava mulheres que frequentavam bares e tentava forçar o casamento de casais flagrados trocando beijos no Dia dos Namorados. Há também a Gulabi Gang, ou gangue rosa, organização de peso de mulheres de Uttar Pradesh que vestem sáris cor-de-rosa e, armadas de paus e varas, saem por aí espancando estupradores e exigindo justiça para as vítimas.

O movimento #MeToo, de 2018, embora não tenha encorajado que se espancasse nenhum homem, desencadeou uma avalanche de relatos em todo o país, levando à queda de vários sujeitos proeminentes na mídia e na indústria do entretenimento.

Mas o que mais me tocou nos últimos tempos foi a cadeia humana em Kerala, em janeiro de 2019. Cerca de 5 milhões de mulheres reuniram-se nas principais rodovias do estado, formando uma cadeia humana de 620 quilômetros. O estopim dessa manifestação foi uma decisão do Supremo Tribunal permitindo que mulheres entrassem no templo Ayappa, em Sabarimala, Kerala. Por séculos, mulheres entre a menarca e a menopausa, isso é, que pudessem

Acima: Khuzani Devi em sua casa no vilarejo de Bhagotipur, em Haryana, estado basicamente agrícola, entre os mais conservadores do país.

Acima: As advogadas Tanya Sanghvi e Shriya Prabhu perto do Supremo Tribunal de Mumbai.

Acima: Vrinda Dar, fundadora da ONG Kautilya Society, dedicada à proteção do patrimônio arquitetônico de Varanasi, em sua casa – e albergue – Ram Bhawan, na área da cidade próxima aos *ghats*.

menstruar, foram proibidas de entrar no santuário, pois temia-se que pudessem seduzir o deus solteirão que lá reside. A esquerda liberal celebrou a lei, mas o judiciário e a sociedade nem sempre estão em sintonia. E, mesmo depois da revogação da proibição, devotos à porta do templo impediam a entrada de mulheres. Tumultos se deflagraram, uma ativista foi morta. A manifestação foi um ato de apoio à ordem judicial e à igualdade de gênero.

Estamos em uma importante encruzilhada. O governo do BJP pretende continuar alimentando o sentimento de uma Índia como superpotência econômica mundial, mas metade da população nem banheiro tem. Discute-se a migração para uma economia sem dinheiro em papel, quando metade da população não tem acesso à internet ou contas bancárias. Para cada vitória

há a sombra de uma derrota. Embora hoje existam delegacias só para mulheres, campanhas de sensibilização de gênero em escolas e locais de trabalho e mais espaço na mídia para denunciar estupros, 27 milhões de mulheres ainda estão presas ao tráfico sexual, e um líder religioso como Asaram Bapu – atualmente encarcerado, condenado à prisão perpétua por ter violentado uma menor de idade – pode sugerir à mulher que está sendo estuprada que chame seu estuprador de «irmão», pois assim ele vai parar com a violência.

Contemplamos um futuro que parece cada vez mais distópico – vilarejos onde já não haverá mulheres ou meninas, cidades e centros governados por homens que reafirmam e reforçam o patriarcado sempre que possível. Mas também somos o que a escritora Arundhati Roy chamou de «um

AS MULHERES QUE COSTURAM NOSSAS ROUPAS

A indústria têxtil indiana é a segunda maior do mundo, atrás apenas da chinesa, e quase metade de suas exportações vão para os EUA e a UE. O setor emprega formalmente mais de 12 milhões de pessoas, além de vários outros milhões que operam em instalações informais e em casa, às voltas com várias etapas da produção, desde o corte até o acabamento, como bordados, laços, franjas, missangas e botões. Mais de 90% desses trabalhadores informais são mulheres – algumas delas crianças –, pertencentes sobretudo a minorias ou grupos marginalizados como a comunidade dálite, e trabalhando em condições de exploração. Os salários são quase sempre uma fração do salário mínimo oficial (às vezes 15

centavos de dólar por hora) e com frequência são pagos com atraso, ou nem sequer são pagos. O assédio e a intimidação por parte de supervisores e gerentes são recorrentes, assim como a violência física e psicológica. Apesar das campanhas do governo para combater o trabalho infantil, ele continua difundido, assim como o chamado «esquema do casamento», em que meninas com idades entre 12 e 21 anos são empregadas com contratos de três anos, sob a promessa de um pagamento final para ser usado como dote (embora a prática do dote seja ilegal). Contudo, poucas conseguem chegar ao fim de seus contratos: turnos exaustivos, restrições severas à liberdade de movimento, acidentes de trabalho, doenças e abusos obrigam a maioria a desistir; aquelas que resistem muitas vezes acabam recebendo menos do que a quantia prometida, pois desconhecem que despesas de alimentação e hospedagem estão sendo abatidas.

povo irremediavelmente desordenado», e nisso há uma possibilidade de enfrentar o governo e o patriarcalismo, graças a nossos «métodos diversos e caóticos». Penso nas hijras com quem viajei anos atrás, que quando assediadas na rua levantavam as saias. Esse simples gesto de desafio – que puxa tudo de volta para o corpo, que levanta a saia e diz ao observador: olhe aqui, o que você vê, um buraco escuro, um pênis, uma mulher, um homem? – é uma maneira de devolver o terror aos olhos do espectador inoportuno. Exatamente como as mulheres de Manipur desviaram sua raiva endereçando-a ao exército quando decidiram se manifestar nuas. Penso em um poema que escrevi há muitos anos, imaginando um rio povoado com todas as meninas indianas que perdemos, e que ressurgem das profundezas subterrâneas:

cantando um tempo no mundo
quando nasciam com tigres
ressonando entre as coxas;
quando partiam para a guerra
com os três olhos em chamas,
os seios dourados apontados
como armas para o céu.

Enquanto tivermos nossos corpos teremos como resistir, e haverá esperança.

O foguete sobre a bicicleta

As menções ao programa espacial da Índia, a ISRO, são raras no Ocidente. Se um filme envolve ameaças espaciais, é sempre a Nasa que intervém – ou, quando muito, a Rússia. No entanto, a ISRO impacta a vida de toda a população do subcontinente e, longe dos holofotes, segue trabalhando em projetos grandiosos.

SUSMITA MOHANTY

À esquerda: Preparativos para o lançamento
de um foguete na estação de lançamento
Thumba Equatorial (TERLS), 1966.
(© Henri Cartier-Bresson
/ Magnum Photos / Contrasto)

ORIGENS HUMILDES

A história de superação do programa espacial indiano chega a inspirar ternura.

Nos primeiros dias de nossa república, Vikram Sarabhai, físico educado em Cambridge, descendente de uma rica família do ramo industrial, dirigiu-se a Jawaharlal Nehru, o primeiro primeiro-ministro, para convencê-lo da importância de um programa espacial para a Índia. Sarabhai havia descoberto que sua vocação era trabalhar pelo desenvolvimento do país. Em Nehru, encontrou um bom aliado e, com o apoio do governo, fundou a Organização Indiana de Pesquisa Espacial (ISRO, na sigla em inglês), equivalente indiano da Nasa.

No início dos anos 1960, a equipe de cientistas de Sarabhai saiu em busca de um local para o lançamento do primeiro foguete, em caráter experimental. Estabeleceram-se em Thumba, pequena aldeia de pescadores perto do equador magnético da Terra, em Trivandrum, capital do estado de Kerala, ao sul. Na praia de Thumba havia uma velha igreja, Santa Maria Madalena; aos olhos dos jovens cientistas, seria o local perfeito para funcionar como escritório, laboratório e oficina; ali dariam início a suas aventuras espaciais – só precisavam persuadir o bispo de Trivandrum a deixá-los usar a igreja. O falecido Abdul Kalam, ex-presidente da Índia, ele próprio um *rocket scientist*, contou que o bispo procurou encorajar os frequentadores de sua paróquia – em geral, pescadores – a abraçar a ideia. De início houve um silêncio nervoso, seguido por um caloroso «Amém» da congregação. E assim, sob o abrigo de uma charmosa igreja, nasceu o programa espacial da Índia.

O título deste artigo não é fantasioso. O lendário fotógrafo francês Henri Cartier-Bresson, na época casado com uma boa amiga da família Nehru, pôde registrar os primeiros passos da nova nação, e a foto icônica de sua autoria, tirada por volta de 1966, mostra, de fato, um cone de foguete sendo transportado numa bicicleta em Thumba. Naqueles primeiros dias, os pioneiros espaciais faziam o possível com o que tinham. Nada poderia detê-los.

Assim, sob o olhar curioso de Maria Madalena, os jovens cientistas lançaram-se ao trabalho com o mínimo de móveis e ferramentas, construindo cargas úteis e lançando foguetes. Fez-se história com um US Nike-Apache – pequeno foguete de sondagem – que transportou instrumentos de medição de origem francesa para o espaço em 21 de novembro de 1963, apenas seis anos após o *Sputnik 1* da União Soviética orbitar alegremente a Terra. Isso dá uma ideia da precocidade do programa espacial indiano.

UM CONTO DE DOIS FOGUETES

Desde então, a Índia já percorreu um longo caminho. Não só começou a construir seus próprios foguetes de sondagem, como também máquinas maiores e mais poderosas. Uma das poucas nações do mundo com capacidade para esse tipo de operação, a Índia atualmente conta com dois foguetes principais.

O menor, o *Polar Satellite Launch Vehicle* (PSLV), é acionado para pôr em órbita satélites

---

SUSMITA MOHANTY — Designer de espaçonaves e única empreendedora espacial do mundo a ter fundado empresas em três continentes diferentes – MoonFront, em São Francisco; Liquifer, em Viena, e Earth2Orbit, em Bangalore. Antes de se tornar empreendedora, trabalhou para o Programa Espacial da Boeing, na Califórnia, e passou um breve período na Nasa. Em 2019, Mohanty foi escolhida pela BBC como uma das cem mulheres que inspiram e influenciam um futuro liderado por mulheres. Em 2017, foi capa da revista *Fortune*, e em 2016 foi indicada para o Conselho do Futuro Global para Tecnologias Espaciais do Fórum Econômico Mundial.

de monitoramento remoto (observação da Terra). Lançado pela primeira vez em 1993, é considerado um foguete maduro e muito confiável nessa classe de equipamentos. Em 2017, o PSLV cravou um recorde mundial ao lançar 104 satélites em uma única missão, batendo o recorde anterior de 37 satélites lançados pela Rússia em 2014.

O maior dos dois é o *Geosynchronous Satellite Launch Vehicle* (GSLV), que desde 2001 tem sido usado para lançar satélites de comunicação de grande tonelagem em órbita geoestacionária. A história em torno do motor criogênico do GSLV, fundamental para sua capacidade de levantamento pesado, parece uma clássica história de intriga internacional dos tempos da Guerra Fria. No início da década de 1990, para impulsionar o programa, a Índia decidiu adquirir motores dos russos, que estavam dispostos a vendê-los, bem como a transferir a tecnologia necessária para fabricá-los no país. Os EUA se opuseram, acusando tal compartilhamento de tecnologia de violar o Regime de Controle de Tecnologia de Mísseis – que visa minimizar o risco de proliferação de armas de destruição em massa e do qual Índia, Rússia e EUA são signatários. Desse modo, forçaram a Rússia a desistir do negócio. Esse e muitos outros casos de queda de braço levados a cabo pelos EUA são significativos, pois a maior democracia do mundo também é uma das mais pacifistas: a Índia jamais travou uma guerra em que não tivesse sido provocada antes – o último conflito foi com o Paquistão, em 1971.

Em todo caso, obstáculos desse tipo, postos repetidamente no caminho do programa espacial indiano por superpotências mundiais, jamais dissuadiram os cientistas, que, com recursos limitados mas determinação infinita, escrevem uma história singular de engenhosidade, levando o país para a vanguarda das nações espaciais mais importantes do mundo.

UMA NOVA ERA

Quando o primeiro homem foi à Lua, em 1969, o único objetivo era provar a superioridade tecnológica dos EUA. Até 1972, doze pessoas deixaram suas pegadas na face lunar, e ninguém mais pisou lá desde então. Cinquenta anos depois, no entanto, o interesse ressurge. Os EUA anunciaram que retornarão à Lua em 2024, na frente da China, que prepara sua visita para 2035. Enquanto isso, Japão, Índia, Rússia e União Europeia planejam infestar a Lua com sondas robóticas. Inovações tecnológicas e a resultante diminuição de custos, junto com ambições de uma nova geração de empresários (sobretudo Musk, Bezos e Branson), vão fazer o espaço ficar cada vez mais entupido. As promessas dessa nova era incluem turismo de elite e desenvolvimento de redes de comunicação, seguidos a longo prazo da exploração de reservas minerais e até da colonização de outros planetas. Por ora, no entanto, a nova corrida espacial acontece aqui mesmo, já que as órbitas de satélites militares e comerciais se tornam gradativamente extensões do planeta. Tanto China quanto Índia já testaram mísseis contra os próprios satélites, prenunciando o que poderia ser o início de uma guerra. Como consequência de cenário de conflito, os satélites do futuro serão mais baratos, menores e mais fáceis de lançar. Logo o tráfego acima de nossas cabeças poderá ser pior do que o de Déli em horário de pico.

> «Os filmes de Hollywood também foram determinantes para a percepção mundial de quem está no topo do totem espacial. Os protagonistas são quase sempre caucasianos do sexo masculino. Os alienígenas quase sempre pousam nos EUA.»

TUDO VALE A PENA?

Meio século depois do primeiro lançamento bem-sucedido, ainda me perguntam: «Por que a Índia tem um programa espacial, quando há tantos problemas a serem resolvidos no país?».

Depois que a Índia se tornou uma república em 1950, o primeiro-ministro Nehru, um progressista, fez da independência tecnológica uma das prioridades do país. Esse novo país, se quisesse se sustentar com as próprias pernas, não poderia se dar por satisfeito com menos do que isso. Sarabhai, arquiteto do programa espacial, ecoava esses sentimentos: «Há quem questione a relevância de atividades espaciais por parte de uma nação em desenvolvimento. Do nosso ponto de vista, não há ambiguidade em nossos objetivos. Não temos a ilusão de competir com as nações economicamente avançadas no que diz respeito à exploração da Lua ou dos planetas, ou às viagens espaciais tripuladas. Mas estamos convencidos de que, se quisermos desempenhar um papel significativo em termos nacionais, bem como na comunidade das nações, não devemos estar atrás de ninguém na aplicação de tecnologias avançadas aos problemas reais do homem e da sociedade».

Durante as primeiras quatro décadas de existência, a ISRO se concentrou em desenvolver a competência necessária para construir naves espaciais, cujas inúmeras e variadas aplicações melhorariam a qualidade de vida da população. A frota indiana de satélites voltados para as telecomunicações, para a observação da Terra, a meteorologia e o GPS tornou-se parte invisível e indistinguível da vida cotidiana de milhões de indianos. Nos primeiros anos, o foco era a concepção e a divulgação de programas educacionais no campo da agricultura e da saúde. Ao longo dos anos, o portfólio de aplicativos cresceu, abarcando quase tudo que se possa imaginar: televisão, comunicações, cartografia, gestão de catástrofes naturais, teleducação, telemedicina, defesa, planejamento urbano, agricultura, silvicultura, logística e muito mais. O programa espacial da Índia está incorporado a nossa vida em todos os lugares e contribui enormemente para nosso desenvolvimento.

Furacões recorrentes são um bom exemplo de como usamos dados de satélite e modelos meteorológicos para prever com precisão os parâmetros de ciclones, emitir alertas no tempo certo, evacuar cidades e salvar milhões de vidas. Nos últimos vinte anos, o número de vítimas de tais desastres diminuiu cem vezes – em 1999, um superciclone fez quase 10 mil vítimas no estado de Odisha; em 2019, na mesma região, um superciclone fez 89 mortes. Hoje, os números indianos estão entre os melhores do mundo.

SEM PÓLVORA, SEM FOGUETES

Cresci entre os pioneiros da ISRO. Tive a sorte de poder observá-los de uma posição privilegiada enquanto lutavam para estabelecer as bases de um dos primeiros programas espaciais do mundo. Esses anos de formação plasmaram a trajetória da minha vida como arquiteta espacial e empreendedora internacional.

Em 2007, escrevi a Arthur C. Clarke, lendário autor de ficção científica, contando que planejava deixar São Francisco e voltar para a Índia. Sua resposta: «Acho que

é um movimento estratégico». Fiquei surpresa e perguntei por que ele pensava assim. Clarke disse: «Bem, tudo começou no Oriente e está voltando para lá». E, citando o exemplo da pólvora, inventada por alquimistas chineses, acrescentou serenamente: «Sem pólvora, sem foguetes».

O sucesso das potências espaciais orientais, como a Índia ou a China, não deve surpreender as mentes esclarecidas. Às vezes me perguntam se há uma corrida espacial entre a Índia e a China. Não mesmo, eu digo, mas, se insistem que há, eu os remeto à fábula de Esopo e digo-lhes em tom de brincadeira: «Bem, sim, a China é a lebre, e a Índia, a tartaruga». A China é a única nação a pousar na Lua em tempos recentes – em dezembro de 2013, em janeiro de 2019 e, por fim, em dezembro de 2020. A última vez que os americanos realizaram tal feito foi em 1972, seguidos pelos soviéticos, em 1976. A tentativa da Índia de pousar o *Chandrayaan-2 Vikram* na superfície lunar em setembro de 2019 foi um fracasso, assim como alguns meses antes, em fevereiro, a tentativa israelense de pousar o *Beresheet*.

Alguns anos atrás uma produtora da *National Geographic* me telefonou em busca de depoimentos para uma minissérie em comemoração do quinquagésimo aniversário do último pouso da *Apollo* em 1972. Perguntei se ela sabia que, naquele exato momento, um *rover* chinês vagava pela Lua. Ela pareceu um pouco surpresa. Índia e China sem dúvida estão entre as grandes nações espaciais do mundo – junto com os EUA, Rússia, França e Japão –, de modo que, quando alguém se refere a elas como nações espaciais emergentes, eu me divirto. Essa ignorância se origina de um sentimento ilusório de superioridade ocidental, amnésia histórica e estereótipos midiáticos.

Os filmes de Hollywood também foram determinantes para a percepção mundial de quem está no topo do totem espacial. Os protagonistas são quase sempre

O foguete sobre a bicicleta

caucasianos do sexo masculino. Os alienígenas quase sempre pousam nos EUA. Asteroides preferem cidades como Paris ou Los Angeles. Os russos em geral são os bandidos. A estação espacial chinesa é convenientemente reduzida a um par de *chopsticks* flutuantes. A Índia ainda não dá as caras nos enredos, mas isso está começando a mudar.

COREOGRAFIAS ORBITAIS COM ORÇAMENTOS REDUZIDOS

Por quase cinco décadas a ISRO vem buscando objetivos grandiosos – mas organicamente concebidos –, com praticamente nenhuma publicidade. O apoio público e político tem sido constante. Matemática, ciência e astronomia fazem parte das narrativas da nossa civilização há muitos séculos, então nisso não há grande surpresa. Regentes indianos ao longo da história muitas vezes patrocinaram o desenvolvimento dos conhecimentos fundamentais. Um grande exemplo é o Jantar Mantar, em Jaipur, encomendado pelo marajá Jai Singh II, do Rajastão. Trata-se de um complexo de gigantescos instrumentos astronômicos, construído em mármore e arenito no início do século XVIII, hoje patrimônio da Unesco.

À medida que nossos recursos diminuíam – resultado de dois séculos de domínio colonial britânico –, parte dessa grandeza deu lugar à engenhosidade. O programa espacial da Índia é, antes de tudo, uma crônica dessa criatividade e inventividade. Em agosto de 2019, a ISRO realizou sua segunda missão lunar, *Chandrayaan-2*, com um orçamento de menos de 150 milhões de dólares, uma fração do que um típico blockbuster de Hollywood custa hoje. Em vez de forçar caminho até a

Página 53 e à esquerda: Jantar Mantar, complexo astronômico construído em Déli pelo marajá Jai Singh II por volta de 1724 com o objetivo de compilar tabelas astronômicas, calcular o tempo e prever o movimento do Sol, da Lua e dos planetas.

JAWAHARLAL NEHRU

Após a morte de Jawaharlal Nehru em 1964, um artigo no *The Economist* o celebrou como um homem que, na batalha pela modernização e independência da Índia, sem saber apontou um caminho para o resto do mundo em desenvolvimento. Nehru era uma figura singular. Nascido em uma família de classe alta, estudou direito na Grã-Bretanha mas trocou a advocacia pela atividade política. No Congresso Nacional Indiano, defendia políticas socialistas, influenciado por visitas à Europa e à União Soviética. Um encontro importante ocorreu em 1916, quando conheceu Mahatma Gandhi, tornando-se seu homólogo secular: nas décadas de 1920 e 1930, participou do movimento de independência *Home Rule* e do movimento de não cooperação, o que o levou a ser preso em diversas ocasiões por desobediência civil. Foi eleito presidente do Partido do Congresso em 1929, aderindo aos princípios do antifascismo e do direito de autodeterminação dos povos. Seus protestos contra a decisão da Grã-Bretanha de implicar a Índia na Segunda Guerra Mundial o levaram mais uma vez ao cárcere, assim como sua participação na campanha *Quit India*. Em 1947, em um país abalado por conflitos entre hindus e muçulmanos, Nehru defendeu a Partição como única chance de paz, e em 15 de agosto daquele ano assumiu o cargo de primeiro-ministro de uma Índia independente, que ele ocupou até a morte. Além de seguir um modelo científico de gestão de recursos, suas políticas foram pautadas pelo foco na industrialização, e a criação do programa espacial é um exemplo perfeito disso.

O foguete sobre a bicicleta

Acima: Visitantes do National Science Center, em Déli, assistem a um filme 3D sobre a exploração do espaço.
Abaixo: Modelos dos foguetes usados pela ISRO, o programa espacial da Índia, no National Science Center.

Lua em alguns dias, lançando um megafoguete direto para lá, os cientistas da ISRO fizeram algo inteligente. Optaram por 48 dias. O tempo extra para chegar ao satélite valia a pena tanto pela economia quanto por questões ambientais. Nossos cientistas projetaram uma coreografia orbital sofisticada ao redor da Terra, valendo-se da gravidade da Lua para capturar *Chandrayaan-2* para dentro da órbita do satélite.

Outra ocasião em que a ISRO chamou a atenção do mundo foi a primeira missão indiana em direção ao planeta vermelho, em 2013 – *Mangalyaan-1*, também conhecida como *Mars Orbiter Mission*. A Índia se tornou o primeiro país a chegar a Marte na primeira tentativa. Mais uma vez, essa missão ambiciosa foi levada a cabo com pouquíssimo dinheiro e em tempo recorde: meros quinze meses depois da aprovação do orçamento, enquanto as missões planetárias levam em geral seis ou sete anos. Os empreendimentos espaciais da ISRO são uma imagem de eficiência discreta, agilidade e pensamento adaptativo – características que tendem a faltar em agências espaciais maiores, que desfrutam de recursos abundantes.

A imaginação popular vem aos poucos se inteirando do programa espacial indiano – o suficiente para inspirar Bollywood com o filme *Mission Mangal*, vagamente baseado em nossa missão a Marte, e que acabou sendo um dos maiores sucessos de bilheteria de 2019.

MULHERES ESPACIAIS

Mangalyaan-1 também catapultou a ISRO para o império glorioso das mídias sociais: uma fotografia de mulheres da equipe espacial usando flores no cabelo e vestindo sáris de seda viralizou. Entre as agências espaciais, a ISRO se sobressai por ser uma com as melhores proporções de gênero. A equipe da *Mangalyaan* era composta de quinhentos cientistas de dez centros da ISRO; um terço dos principais cargos executivos era ocupado por mulheres. No caso da *Chandrayaan-2*, dois dos cargos mais importantes eram de mulheres: a diretora da missão, Ritu Karidhal, e a diretora do projeto, M. Vanitha. Outra cientista da ISRO que recentemente tem estado sob os holofotes é a dra. V.R. Lalithambika, que está liderando a missão *Gaganyaan*, que lançará seres humanos ao espaço em 2022.

Fascinada por nomes de missões espaciais, sempre fui fã das escolhas japonesas e russas, mas as nossas também são muito boas. Chamamos nossas missões a Marte de *Mangalyaan* e as missões lunares de *Chandrayaan*; as missões humanas serão chamadas de *Gaganyaan*. A palavra *yaan* significa veículo, transporte, em sânscrito; *mangal* é Marte, *chandra* é Lua, *gagan* é céu.

AS ESTRELAS ESTÃO CHAMANDO

Lembram de Edmund Hillary e Tenzing Norgay, a dupla que alcançou o topo do Everest em 1953? Hillary era um neozelandês rico; Tenzing, um carregador xerpa acostumado às grandes altitudes. Eram ambos alpinistas intrépidos com origens sociais e econômicas completamente diversas. Mas, tal como escalar o Everest, viajar para Marte não é apenas uma questão econômica; diz respeito também ao impulso comum, humano, de ultrapassar limites, perseverar, realizar o impossível. Mais de uma vez, sem muito alarde, a ISRO deu grandes saltos. Não explorar o espaço significaria abrir mão até da *possibilidade* de sucesso.

A Índia tem uma população muito jovem: quase 65% das pessoas têm menos de 35 anos. O otimismo, a audácia que nosso programa espacial encarna oferece aos jovens algo com que sonhar, algo para ousar e buscar, um propósito que transcende nossos objetivos existenciais. Como disse o bom e velho Oscar Wilde, coberto de razão: «Estamos todos na sarjeta, mas alguns de nós estão olhando para as estrelas». 🐦

Agricultores ateiam fogo em suas terras após a colheita de arroz na zona rural de Haryana, perto da aldeia de Bhagotipur.

O fenômeno das monções

THE ECONOMIST

Desde tempos imemoriais as chuvas de monção dominam a agricultura e a vida na região mais populosa do planeta. Mas como, por que e onde elas se formam? Quais seus efeitos e, mais importante, qual seu futuro? Uma história de carestia, negócios, ciência e cobiça.

APOSTAR NA CHUVA

Com os olhos remelentos e o rosto enrugado pelo sol, Narayanappa olha para o solo e depois, lentamente, para o céu. Após semanas de calor intenso, o hectare e meio em que cultiva amendoim, pimenta e amoras virou pó. No início de junho de 2019, uma dúzia de famílias de Kuppam – vilarejo no distrito de Chittoor, no estado de Andhra Pradesh – se reuniu, como fazem todos os anos, para sacrificar uma cabra em oferenda antecipada aos deuses por uma boa monção. A expectativa é de que, em meados de junho, as chuvas já estejam encharcando o solo ressecado. No entanto, no horizonte a sudeste, não se vê sinal das nuvens cor de chumbo que costumam se formar, enchendo o céu de estrondos e a noite de relâmpagos velados – arautos noturnos da desejada chuva. O céu está tão limpo quanto seco está o solo. Os sacos de sementes de Narayanappa estão prontos para entrar em ação, mas o tempo útil está se esvaindo.

No escritório do Departamento Meteorológico da Índia, em Nova Déli, Madhavan Nair Rajeevan, chefe do departamento, confere dados não menos secos, mas visíveis em números e gráficos. Se antes a chegada da monção era vista por meio de telescópios montados na varanda do observatório construído pelo marajá de Travancore em uma colina acima de Thiruvananthapuram (antigo Trivandrum), em Kerala, agora os sinais de sua aproximação são detectados por meio de radares de monitoramento e satélites. Para a população e para os governantes são informações da mais alta importância. A chegada da monção em Thiruvananthapuram no começo de junho marca o início oficial da estação chuvosa na Índia. O andamento subsequente das chuvas é monitorado diariamente pelos canais de tevê do país, um pouco como o desabrochar das cerejeiras na primavera do Japão, porém com consequências humanas muito maiores.

Um século de progresso meteorológico implica que Rajeevan pode afirmar com muito mais precisão do que seus antecessores o impacto das monções no país e o volume de chuva que virá com elas. E, se a chuva vier com atraso, ele pode oferecer um motivo convincente independentemente de cabras e deuses, como um ciclone no mar Arábico perturbando as correntes das quais dependem as monções. Mas, embora a meteorologia tenha evoluído a passos gigantescos, ainda há um longo caminho a percorrer. A monção é um vento cíclico que acarreta uma onda regular de chuva entre junho e setembro. Contudo, em qualquer ano, essa onda uniforme pode ser atravessada por picos e baixas, explosões de precipitação intensa seguidas de semanas de uma seca inusual – variações conhecidas como «caprichos», que a ciência ainda luta para compreender.

Há uma estrutura complexa tanto no espaço quanto no tempo. Alguns lugares podem ser quase inteiramente contornados pelas chuvas; outros testemunham dilúvios violentos que arrasam plantações e solos aráveis, arrastando a terra consigo antes de ser retida e armazenada. Tais inundações devem piorar e se espalhar ainda mais com o aquecimento global. A agricultura continua sendo a maior fonte de empregos da economia indiana, respondendo diretamente por um sexto do PIB e empregando quase metade da população ativa. Uma monção ruim pode reduzir o crescimento econômico indiano em um terço. Os efeitos em Bangladesh, Butão, Nepal, Paquistão e Sri Lanka se dão numa escala semelhante. Quase um quarto do mundo – 1,76 bilhão de almas – vive na esfera de influência das monções do sul da Ásia.

Como disse Guy Fleetwood Wilson, ministro das Finanças em 1909, «o orçamento da Índia é uma grande aposta na chuva». Graças a Rajeevan e seus colegas, hoje as probabilidades de ganhar essa aposta são mais altas, embora algumas medidas

> **«A agricultura continua sendo a maior fonte de empregos da economia indiana, respondendo diretamente por um sexto do PIB e empregando quase metade da população ativa.»**

óbvias que poderiam diminuir o risco ainda não tenham sido tomadas. Os sistemas de armazenamento nas cidades caíram em desuso; aquíferos sob terras agrícolas vão sendo consumidos e esgotados a cada ano, num ritmo que as monções não conseguem sustentar. No país que mais sofrerá com o aquecimento global nas próximas décadas, os problemas relacionados ao clima não estão sendo atacados de frente.

A chegada das monções provoca transformações consideráveis. Paisagens amarronzadas de repente ficam verdes, terra batida vira lama, fendas no solo se transmudam em bocas pelas quais a terra mata sua sede. O Ganges e os outros grandes rios enchem e transbordam, cobrindo suas planícies aluviais de uma fertilidade rica em sedimentos. O campo fica com cheiro de terra molhada; nos jardins a brisa úmida sopra o perfume do jasmim-manga, substituído nas cidades por aquele odor inconfundivelmente indiano de esterco, asfalto e especiarias.

COMO UMA BRISA DO MAR

As pessoas também reagem. As chuvas trazem uma sensação de alívio e uma nova sensualidade. Em *Meghadūta* [O mensageiro das nuvens], de Kalidasa, um dos grandes poetas da literatura clássica indiana, o encontro da terra com as nuvens é descrito como uma espécie de conjunção carnal. Nos poemas *sangam*, antiquíssima forma literária do extremo sul, a heroína espera que o amado, que sai para a guerra ou em busca de riquezas e aventuras, regresse com as chuvas. Até hoje as pessoas contam histórias de inibições superadas e novas conquistas amorosas.

O coração assume os ritmos torrenciais e imprevisíveis da chuva.

Apesar de toda a complexidade e importância da monção em todas as escalas, dos pequenos proprietários de terras aos grandes impérios, ela é, em essência, bastante simples: trata-se de uma versão mais longa – dura uma estação inteira – das brisas marítimas, familiares a todos aqueles que vivem perto da costa. Como a terra absorve calor mais rápido do que a água, em um dia ensolarado a terra e o ar acima dela aquecem mais rápido do que os mares adjacentes. O ar quente sobe, e o ar mais frio acima do mar avança para ocupar seu lugar.

Uma monção é a transposição desse fenômeno em escala continental. À medida que o inverno se transforma em verão, o subcontinente indiano aquece mais depressa do que as águas em seu entorno. Ar quente que sobe implica baixa pressão; a umidade marítima é, então, atraída para preencher o vazio parcial. Essa umidade, por sua vez, também sobe, e, ao fazê-lo, o vapor se condensa, liberando tanto água, que cai como chuva, quanto energia, que estimula mais convecção, sugando ainda mais o ar úmido de baixo.

Há outras circulações monçônicas ao redor do mundo – no México e no sudoeste dos Estados Unidos, na África Ocidental bem como na Ásia oriental, onde se une às monções da Ásia meridional. Contudo, as condições geográficas fazem com que a monção na Ásia meridional tenha certas especificidades. O oceano Índico, ao contrário do Pacífico e do Atlântico, não se estende até o Ártico. Isso significa que a água aquecida nas regiões tropicais não pode

DIREÇÃO PREDOMINANTE DAS MONÇÕES

VERÃO

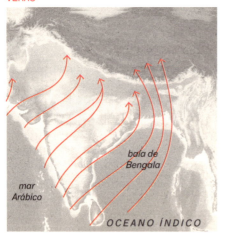

INVERNO

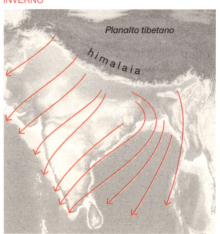

FONTE: NOAA EARTH SYSTEM RESEARCH LABORATORY

simplesmente fluir para o norte, arrastando o calor consigo. Ele fica no mar Arábico e na baía de Bengala, contornando a Índia a leste e oeste. Além disso, ao norte do subcontinente se encontra o planalto tibetano, o mais alto do planeta. O calor do verão nesse ponto atrai a umidade da monção para esferas muito mais altas da atmosfera, acrescentando montanhas de nuvens aos picos do Himalaia.

A monção é, portanto, uma combinação de acaso e necessidade. Dada a disposição do mar e da terra e o fluxo do ar quente do equador para o polo, essa estação tem de existir; dadas as variações climáticas de ano a ano, e mesmo dentro de cada estação, ela semeia surpresas, para o bem e para o mal. É também, e cada vez mais, uma mescla do natural com o humano – já que um número sempre crescente de humanos depende dela, aprendendo novas maneiras de antecipá-la e tendo de enfrentar as mudanças climáticas que irão remodelá-la.

OS VENTOS QUE INVENTARAM A ÁSIA

As chuvas que Narayanappa espera não contam a história toda. A palavra «monção» migrou do português para o inglês [*monsoon*] no final do século XVI, não porque os marinheiros europeus se importassem com a chuva em planícies estrangeiras, mas porque, contornando com Vasco da Gama o extremo meridional da África, encontraram um tipo de vento que não conheciam e para o qual não tinham nome.

A palavra em português deriva do árabe *mawsim*, que significa «estação». Em qualquer ponto do oceano Atlântico, o único a que os portugueses estavam habituados, os ventos tendem a soprar praticamente na mesma direção ao longo de todo o ano, embora sua intensidade mude conforme a estação, e sua direção se altere de acordo com a latitude. Já no oceano Índico, os ventos dominantes vivem mudando de direção. Isso se deve ao papel desempenhado na monção pela «zona de convergência

COMO FUNCIONA UMA MONÇÃO

VERÃO

INVERNO

FONTE: KIT KARLSRUHE INSTITUTE OF TECHNOLOGY

intertropical» – conhecida pelo acrônimo inglês ITCZ –, que circunda o mundo perto do equador. A ITCZ é uma zona de baixa pressão sobre a água mais quente. Em todos os oceanos, essa baixa pressão atrai ventos constantes, os ditos ventos alísios, que sopram do nordeste em direção ao equador no hemisfério norte e do sudeste em direção ao equador no hemisfério sul, convergendo para a ITCZ.

Durante o inverno do hemisfério norte, a ITCZ se concentra ao sul do equador, no oceano Índico. À medida que o calor aumenta, a ITCZ segue para o norte, tornando-se parte dinâmica das monções, e termina aninhada no Himalaia, levando consigo os alísios do hemisfério sul. Mas essa mudança do hemisfério sul para o norte e o efeito da alta pressão sobre a África mudam a direção dos alísios, de sudeste-noroeste para nordeste-sudoeste. Quando, no final da primavera, os alísios se intensificam – a velocidade do vento no mar Arábico pode dobrar em algumas semanas –, as chuvas começam a se dirigir a Thiruvananthapuram.

UMA CORRETA INVERSÃO DE ROTA

Assim como as brisas costeiras se invertem ao pôr do sol, quando a temperatura na terra cai rapidamente e o mar permanece quente, as monções se invertem no inverno. Isso vale tanto para as monções do sul quanto para as do leste asiático, que afetam a Indochina, as Filipinas, o sul da China, Taiwan, Coreia e parte do Japão. À medida que a terra esfria no outono, ventos de nordeste substituem os de sudoeste. Como esses ventos em geral são secos, não são tão importantes para os agricultores, embora tragam chuva para algumas partes do sul da Índia. Mas são muito importantes para a navegação e, portanto, para a história humana. As chuvas das monções alimentam aquela que sempre foi a parte mais populosa do mundo humano. No entanto, foram os ventos

das monções que juntaram essas pessoas para formar a Ásia.

Esses ventos que se invertem com as estações moldaram um mundo marítimo que se estende do estreito de Ormuz no noroeste aos arquipélagos de ilhas do sudeste da Ásia, de Madagascar no sudoeste ao Japão. Com paciência, todo esse mundo podia ser percorrido em ambas as direções, as embarcações rumavam com segurança para norte e leste no verão, e para sul e oeste no inverno – com escalas forçadas por tempestades tropicais, conhecidas como furacões no Atlântico, tufões no leste da Ásia e ciclones no oceano Índico (o termo vem do grego *kukloma*, a forma em espiral das serpentes). Os ventos das monções do sul da Ásia impedem que se verifiquem as condições necessárias à formação de ciclones. Só quando a monção acaba chega a tempestade.

Era um mundo de comércio de longo alcance, onde os marinheiros se misturavam com bastante liberdade. E a Índia tinha uma posição central. Antes de qualquer registro escrito, a baía de Bengala era um reino de comunidades de nômades aquáticos que dominavam os mares e não tinham noção de limite. Seus descendentes, ainda residentes dos mares, sobrevivem hoje nos *moken* (conhecidos como os ciganos do mar), nos *orang laut* (gente do mar) e nos *bajau laut* (homens peixe) – populações hoje marginalizadas, sujeitas a uma pressão cada vez maior do governo para respeitar fronteiras e retornar à vida terrestre. Muito tempo atrás, eram eles que mostravam ao mundo o que havia para além do horizonte.

À esquerda: Agricultores carregam de arroz um caminhão perto de Bhagotipur.

Se marinheiros, comerciantes e líderes religiosos não tivessem seguido a pista desses povos sobre os ventos das monções, a Ásia não seria o território heterogêneo que tem sido ao longo da história, apesar das narrativas nacionalistas e das vidas de fronteiras mais rígidas que os Estados do século XX impuseram a seus novos cidadãos. Comerciantes tâmeis do sul da Índia deixaram pedras com inscrições na Birmânia (atual Mianmar) e na Tailândia por volta do século VII. Parece que alcançaram Cantão (Guangzhou), já então importante centro comercial no sul da China, não muito depois. A influência da Índia é clara no extraordinário templo budista de Borobudur, em Java, datado do século IX. Reinos hindus floresceram no arquipélago indonésio, e Bali certamente representa a versão mais embelezada dessa fé hoje. Via Índia, também o islã se espalhou a leste, depois que mercadores árabes levaram sua fé para a costa do Malabar, no sudoeste da Índia, e sucessivamente para Quanzhou, na costa leste da China, onde muçulmanos do século XIII jazem sob lápides com inscrições em árabe. Mais tarde, com os portugueses, o catolicismo romano chegou a Goa e depois, pela costa sul da China, ao Japão.

Árabes, africanos orientais, bengalis, tâmeis, pársis, malaios, chineses, «homens de Manila» (filipinos) e ryukyuanos se encontravam e comercializavam, por vezes permanecendo nas terras uns dos outros, outras vezes retornando nos ventos favoráveis da estação seguinte. Quando os mercadores aventureiros europeus – portugueses, holandeses, franceses e britânicos – chegaram à região, aderiram a esses ritmos sazonais. A Companhia das Índias Orientais pôs os ventos das monções a serviço do capitalismo ocidental, com os *East Indiamen* – navios mercantes armados até os dentes que uma vez por ano transportavam sedas e algodões indianos, e chá chinês, para a Europa.

O fenômeno das monções

A colheita da cana-de-açúcar perto de Bhagotipur.

No século XIX, com a chegada do carvão, do vapor e do ferro, os europeus romperam com ritmos sazonais, estabelecendo o domínio colonial sobre a Ásia por meio de armamentos eficientes e navios a vapor que, cruzando o Canal de Suez, desafiavam os ventos, possibilitando um fluxo constante de matérias-primas – algodão, juta, grãos, madeira, estanho – para um lado e produtos manufaturados para o outro.

Os portos asiáticos estabelecidos ou amplamente expandidos nessa época – Bombaim (atual Mumbai), Calcutá, Madras (Chennai), Batávia (Jacarta), Manila, Xangai – marcaram o nascimento da era dos combustíveis fósseis. Os ventos foram esquecidos, ainda que não tenham sido alterados nesse meio-tempo. À medida que o aumento dos gases de efeito estufa retiver cada vez mais calor, as monções mudarão. As vastas nuvens de poluentes criadas pelo uso – agora endêmico – de carvão e petróleo na Ásia também as afetam, o que ainda desafia o entendimento dos meteorologistas. Esses grandes portos coloniais de baixa altitude se mostrarão muito mais suscetíveis a inundações repentinas e ao aumento do nível do mar do que os portos mais antigos e mais defensáveis, localizados em pontos mais elevados dos rios. Nesse contexto, os 90 milhões de habitantes das grandes cidades costeiras da Ásia estão entre os mais vulneráveis ao legado mais persistente da Revolução Industrial.

OLHAR DE IMPÉRIO

A apenas algumas centenas de quilômetros da pequena propriedade de Narayanappa, em Chittoor, estão os deltas do Godavari, o segundo rio mais longo da Índia, e do Krishna, o quarto. Ambos nascem nos Gates Ocidentais e fluem para o leste até a baía de Bengala. O contraste entre a desvalida Chittoor, à mercê de suas próprias chuvas locais, e os deltas verdejantes não poderia ser mais agudo. A água dos rios que se espalha pelos deltas permite que os agricultores das planícies cultivem duas safras por ano, às vezes três. Imagens de satélite mostram os exuberantes campos de arroz como manchas cor de esmeralda no mato amarronzado da costa de Coromandel e no território além. É uma lição sobre o poder da água para criar ou destruir, e a capacidade dos humanos para controlá-la.

O verde dos deltas nem sempre foi tão confiável. William Roxburgh, cirurgião que deixou Edimburgo em 1772 para ingressar na Companhia das Índias Orientais, estabeleceu-se em Samulcottah (atual Samalkota), no delta do Godavari. Como escreve Sunil Amrith em *Unruly Waters* [Águas turbulentas], fascinante história das monções, Roxburgh foi um dos que, por meio de uma atenta e constante observação, lançou as bases da meteorologia indiana moderna. Ao longo de sua atividade, concluiu que a natureza na Índia era suscetível a muitos «aprimoramentos». Os agricultores do Godavari dependiam por completo da chuva, ele ressaltou: «quando elas falham, a fome é, e será sempre, a consequência». A solução era aproveitar a água que «flui todo ano, inutilmente, para o mar», retendo-a em benefício dos agricultores.

Os britânicos nem de longe foram os primeiros governantes do subcontinente indiano a transformar a paisagem hidráulica. O reservatório conhecido como Grande Banho de Mohenjo-Daro faz parte de um complexo urbano construído pelos governantes da civilização do Vale do Indo no terceiro milênio a.C. Em 1568 d.C., Akbar, terceiro imperador mogol, canalizou água para Déli não apenas para «suprir as necessidades dos pobres», mas também para «deixar marcas permanentes da grandeza do meu império». Fez isso restaurando e ampliando um canal para

> **«Contudo, se os governantes vitorianos da Índia regulavam de bom grado os rios da colônia, de modo algum permitiam que se interrompesse o livre-comércio que lhes impuseram.»**

o rio Yamuna, construído dois séculos antes por um sultão do século XIV. As obras de Akbar, por sua vez, foram restauradas e reprojetadas pelos britânicos dois séculos e meio depois.

No entanto, nenhum governante ilustre se dedicara ao Godavari até então. Seu «aprimoramento» deveu-se a um modesto engenheiro de Dorking, no condado de Surrey, um certo Arthur Cotton. Sob sua direção, milhares de trabalhadores indianos construíram uma barragem gigante em Dowleswaram, regulando o fluxo do rio por meio de enormes portões, descritos na época como «o mais nobre feito de engenharia já realizado na Índia britânica». Até hoje a população local celebra «Cotton *dora*» [comandante Cotton] por transformar o delta no ganha-pão – ou, mais propriamente, na tigela de arroz – da Índia. No dia de seu aniversário, os agricultores penduram guirlandas em sua estátua.

Contudo, se os governantes vitorianos da Índia regulavam de bom grado os rios da colônia, de modo algum permitiam que se interrompesse o livre-comércio que lhes impuseram. O cultivo de safras para mercados distantes erradicou os antigos padrões comunitários de obrigação mútua durante períodos de seca, e, no final do século XIX, uma série de violentas carestias associadas à ausência das monções ceifaram dezenas de milhões de vidas na Ásia.

Nos verões de 1876 e 1877, quando as chuvas não deram as caras, os administradores britânicos invocaram a autoridade de Adam Smith para argumentar contra uma intervenção humanitária para debelar a fome que se espraiava pelas regiões de seca, vindo a ceifar 5,5 milhões de vidas (algumas estimativas apontam um número total bem mais elevado). Alguns anos antes, quando em Bihar não havia caído nenhuma gota de chuva, a catástrofe foi evitada com a importação de arroz da Birmânia. Ainda assim, essas despesas receberam duras críticas, inclusive da *The Economist*. Tal abordagem, escrevemos na época, encorajaria indianos preguiçosos a acreditar que «é dever do governo mantê-los vivos».

Quando a fome se espalhou em 1877, o vice-rei, Lord Lytton, decidiu que a mesma insensatez não se repetiria: opôs-se veementemente às tentativas dos oficiais distritais de estocar grãos, alegando que a medida criaria distorções no mercado. As ferrovias, construídas graças aos impostos que empobreciam os camponeses agora esfomeados, garantiam o transporte dos grãos até lugares onde alcançariam o preço mais elevado – por exemplo, a Grã-Bretanha –, em vez de permanecer onde estavam, salvando vidas, sim, mas sem lucro. O governo cortou rações de emergência e o pagamento pela diária de trabalho extenuante nos campos de refugiados, restringindo ainda mais o acesso das vítimas aos alimentos.

Um século depois, Amartya Sen, economista vencedor do Nobel, argumentou que o que aconteceu na década de 1870 foi a regra, não a exceção: governos são a causa tradicional das grandes fomes. Se as pessoas

O fenômeno das monções

morrem de fome, não é culpa de pragas nas plantações ou do clima, mas de políticas e hierarquias que impedem que a população troque «sua prerrogativa fundamental», nos termos de Sen – por exemplo, seu trabalho –, por comida. Essas políticas são a marca das autocracias; onde as prerrogativas do povo incluem poder político real, como acontece em democracias funcionais, elas são, em geral, insustentáveis. Tratava-se de um insight acadêmico que nascera de um testemunho de infância. Em 1943, Sen era criança e presenciou a fome de Bengala, quando indianos morriam nas ruas em frente a mercados bem abastecidos, protegidos pelas autoridades britânicas.

Essa carestia, na qual morreram até 3 milhões de bengalis, seguiu-se a um ciclone devastador. Mas boa parte do dano resultou da política de terra arrasada dos oficiais colonialistas, que, temendo uma invasão japonesa, atearam fogo às embarcações que os agricultores locais usavam para transportar arroz. A Grã-Bretanha não enviou auxílio nenhum – em parte, talvez, pela antipatia que Winston Churchill nutria pelos indianos que militavam pela independência. Jawaharlal Nehru, que mais tarde se tornaria primeiro-ministro da Índia, mas que na época os britânicos haviam encarcerado, escreveu da prisão que, «em qualquer país democrático ou semidemocrático, uma calamidade dessa natureza teria varrido todos os governos envolvidos». Ainda que depois da independência a Índia tenha passado por muitas secas e episódios de escassez de alimentos, nenhuma delas pode ser comparável às tragédias que sofreu no final do século XIX e início do século XX.

Se os colonizadores britânicos sempre foram indiferentes aos efeitos humanos que uma falta de monções poderia acarretar, eles demonstravam grande interesse por suas causas. No início do século XX,

Gilbert Walker, brilhante matemático da Universidade de Cambridge que se tornou diretor do Departamento Meteorológico da Índia hoje dirigido por Rajeevan, pôs sua equipe de estatísticos para analisar dados meteorológicos do mundo inteiro em busca de padrões. Foi então que ele intuiu a existência de deslocamentos de massas de ar muito maiores que os ventos sobre o oceano Índico – variações coordenadas da pressão atmosférica em zonas a milhares de quilômetros de distância, que ele chamou de «clima global».

O NIÑO E A OSCILAÇÃO MERIDIONAL
Uma das principais características do clima que Walker descobriu foi a Oscilação Sul. Em geral, a pressão atmosférica no Pacífico é particularmente alta no Taiti e baixa em Darwin, no norte da Austrália. Essa distribuição ajuda a impulsionar os ventos alísios na direção oeste, alimentando as monções conforme a zona de convergência intertropical avança para o norte sobre a Índia. Mas algumas vezes, no arco de um decênio, ocorre uma reversão: a pressão que estava alta diminui e a que estava baixa aumenta. A baixa pressão sobre o Taiti e a alta pressão sobre Darwin desorientam os ventos alísios, e a monção do sul da Ásia enfraquece.

Walker supôs que essa oscilação tivesse a ver com «variações na atividade da circulação atmosférica sobre os oceanos». Não sabia, porém, que variações eram essas, e as correlações atmosféricas, embora evidentes, não ajudavam a elaborar previsões mais acuradas a respeito da chegada das monções. O quebra-cabeça foi resolvido em 1969 por Jacob Bjerknes, norueguês associado à Universidade da Califórnia, Los Angeles. No Pacífico tropical, as águas a leste, mais próximas à América do Sul, tendem a ser mais frias do que as águas a oeste. Periodicamente, porém, as águas do

NÍVEL DE ESTRESSE HÍDRICO NA ÍNDIA

Razão entre o consumo total de água e o abastecimento total de água

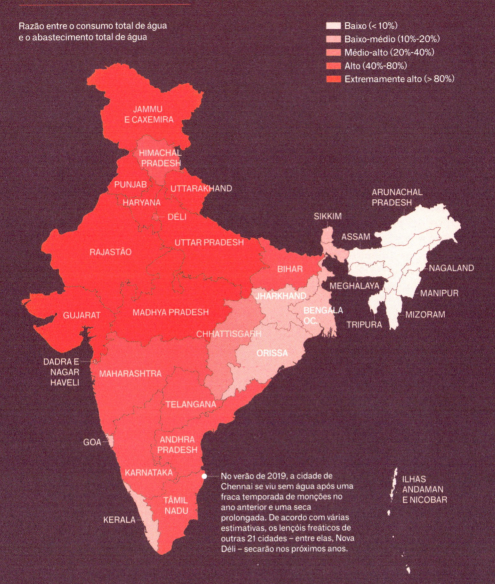

Legenda:
- Baixo (< 10%)
- Baixo-médio (10%-20%)
- Médio-alto (20%-40%)
- Alto (40%-80%)
- Extremamente alto (> 80%)

No verão de 2019, a cidade de Chennai se viu sem água após uma fraca temporada de monções no ano anterior e uma seca prolongada. De acordo com várias estimativas, os lençóis freáticos de outras 21 cidades – entre elas, Nova Déli – secarão nos próximos anos.

600 milhões de pessoas estão enfrentando níveis «altos» ou «extremamente altos» de estresse hídrico, vulneráveis a flutuações devido a secas e ao alto consumo de água.

75% das famílias não têm abastecimento de água potável em casa; 84% das famílias nas áreas rurais não têm água encanada.

70% do abastecimento de água do país está contaminado; a Índia ocupa o 120º lugar (entre 122) no índice mundial de qualidade da água.

FONTE: WORLD RESOURCES INSTITUTE

O fenômeno das monções

71

«Hoje está claro que os reveses das monções que exasperaram os britânicos no final do século XIX decorriam de episódios poderosíssimos do *El Niño*. Alguns modelos climáticos sugerem que o fenômeno ocorrerá com mais frequência em um mundo em aquecimento.»

leste aquecem e as do oeste esfriam. É esse o fenômeno que Walker intuiu. A atmosfera, por sua vez, influencia o oceano. A força dos ventos do leste no Pacífico é um dos fatores que regem a distribuição do calor entre o leste e o oeste. Os ventos e os oceanos operam como um «sistema emparelhado», onde o calor e a intensidade do movimento se deslocam de um para o outro e vice-versa.

Esse sistema emparelhado é, desde Bjerknes, conhecido como ENSO – o EN é de *El Niño*, nome que os peruanos dão às águas mais quentes da época do Natal; o SO, de *South Oscillation* [Oscilação Sul]. Existem outras oscilações regulares no clima do planeta, mas ENSO é, de longe, a mais importante. Quando ENSO oscila na direção das águas quentes ao largo do Peru – sua fase dita positiva –, o calor armazenado nas águas do Pacífico flui para a atmosfera, aquecendo todo o globo. As variações são sentidas não apenas no Pacífico e na Índia, mas em torno dos trópicos e, em alguma medida, também além. Na fase positiva, pode-se esperar seca também em partes do sul da África e no leste do Brasil; no sul dos Estados Unidos, chuva. Na fase negativa – *La Niña* –, a situação se inverte quase que por completo.

Na última década, o advento de modelos climáticos globais computadorizados, capazes de captar os efeitos de grandes variações na temperatura da superfície do mar com um nível razoável de detalhes, deu mais confiança aos herdeiros de Walker para prever a força relativa das monções do sul da Ásia. Além disso, ressaltou a complexidade do sistema climático e de suas interações com a história da humanidade. Hoje está claro que os reveses das monções que exasperaram os britânicos no final do século XIX decorriam de episódios poderosíssimos do *El Niño*. Alguns modelos climáticos sugerem que o fenômeno ocorrerá com mais frequência em um mundo em aquecimento. Outros, porém, são menos drásticos. Modelos climáticos incrementaram o entendimento sobre as monções de ano para ano; contudo, ao consultar os modelos que melhor descrevem os efeitos do ENSO no século XX, para saber o que eles têm a dizer sobre como o fenômeno se comportará no século XXI, não encontramos consenso.

ESTIAGENS E VARIAÇÕES

No lugar mais úmido do planeta, há uma coisa sobre a qual os moradores nunca falam: a chuva. «A troco de quê?», perguntam os habitantes de Mawsynram.

O vilarejo fica num planalto no topo de uma colina no estado de Meghalaya – «morada das nuvens» –, no nordeste do país. Logo ao sul, as colinas decaem para as planícies vaporosas de Bangladesh, quase 1,5 mil metros abaixo. A queda é nitidamente pitoresca: «PERIGO: ZONA DE SELFIE», avisa uma placa na estrada. Ao norte estão as colinas de Khasi, intrometendo-se à frente dos ventos do sul, carregados de umidade e ansiosos para seguir viagem para o norte. As colinas puxam o ar úmido para cima e dele extraem a chuva.

A consequência, em Mawsynram, é uma chuvarada diária durante bons nove meses. Em um ano comum, o assentamento marca 11,9 milímetros de chuva, volume doze vezes maior do que o de Manchester, digamos, ou Seattle; em um ano excepcional, atinge-se a marca de dezesseis milímetros. Antes da monção, a chuva vem na forma de fortes tempestades noturnas. A partir de fins de maio o aguaceiro é quase contínuo, às vezes como uma garoa constante, às vezes como bordoadas que sacodem os telhados de zinco a ponto de impedir qualquer conversa. E por que telhados de zinco? Porque um telhado de madeira seca apodrece logo, por isso os locais costumam recorrer ao metal em suas construções – ou à madeira «viva», de tal modo que as raízes aéreas da *ficus elastica*, a falsa-seringueira, formem pontes sobre rios e riachos por onde a água flui para as planícies.

A certeza da chuva diária, no entanto, faz de Mawsynram um lugar bastante incomum. Em todos os outros locais, durante as monções o ritmo das precipitações é tudo menos constante. A estação é marcada por períodos «ativos» dominantes – em geral quando depressões atmosféricas viajam para oeste –, seguidos de «intervalos» secos. Determinar o momento certo de semear é apostar na data e na duração desses períodos de pausa. Os atuais modelos meteorológicos ainda não estão aptos a prever o encaminhamento das monções para além de alguns poucos dias.

Saber onde as tempestades causarão o pior estrago salvaria não apenas colheitas, mas também vidas: relâmpagos matam mais indianos do que ciclones, embora ciclones causem mais danos às propriedades. O grande desafio da meteorologia das monções, portanto, é aprimorar as previsões dessas mudanças intrassazonais, o que implica combinar os modelos de clima global com o conhecimento das peculiaridades locais. A base de boa parte disso pode ser encontrada na fonte das chuvas que rolam pelas colinas Khasi: a baía de Bengala.

R. Venkatesan observa que, graças a imagens de satélite e radares meteorológicos do Instituto Nacional de Tecnologia Oceânica, em Chennai, hoje nós sabemos muito bem o que se passa na atmosfera. «O oceano, porém, continua um mundo a ser descoberto.» Sua «oficina», localizada numa cobertura em Chennai, é um tesouro de brinquedos voltados para essa descoberta: caiaques marítimos automáticos para medições de superfície; boias que se ancoram ao fundo do mar com sensores para medir temperatura, salinidade e corrente; flutuadores autônomos que vagam coletando dados na superfície e em profundidade; um «planador» subaquático sem motor que se joga nas colunas de água, emergindo a cada poucos dias para reportar aos satélites o que coletou. Muitos desses equipamentos estão prestes a ser implantados na baía de Bengala.

A baía, a maior do mundo, tem uma característica insólita: uma camada superficial bastante peculiar de água mais leve e comparativamente doce que flutua sobre a salinidade do fundo do mar. Essa camada tem duas fontes: o Brahmaputra, o Ganges e demais rios menores, como o Godavari e o Krishna, que drenam a maior parte da chuva do subcontinente para o mar a leste; e a chuva que cai sobre a própria baía. Essa água mais doce significa que a camada de água mais superficial é muito menos misturada do que aquilo que se considera normal nos oceanos – e, por isso, a temperatura da superfície do mar pode variar mais rápido. Essa volubilidade termodinâmica é transmitida ao ar.

O fenômeno das monções

Em 2015, uma missão conjunta EUA e Índia usou os equipamentos de Venkatesan, entre outros, para estudar as interações entre a baía e o clima com detalhes. O estudo, com detalhes sem precedentes, reforçou a crença dos cientistas de que as rápidas variações na baía são a chave para os intervalos entre as chuvas das monções. A chuva que cai na baía resfria a camada superficial, limitando a convecção que produziria um pouco mais de chuva até que a superfície se reaquecesse. Uma missão subsequente foi projetada para refinar essa análise, reunindo dados em tempo real de temperatura, salinidade, corrente e vento para compor um retrato mais detalhado de como a baía de Bengala rege o clima, propagando chuvaradas e intervalos.

Enquanto a chuva cai, o cultivo de pimenta e folhas de bétele nas encostas das colinas de Khali fica ao deus-dará, e a população abraça o projeto de longo prazo de esfacelamento do território. Nos últimos anos, chefões locais têm arregimentado trabalhadores para um novo empreendimento: derrubar as florestas das colinas para obter carvão, calcário, argila e até ouro. Uma orgia ilegal de extração de pedras e mineração ao estilo «buraco de rato» vem desfigurando a paisagem e erodindo as encostas e leitos dos rios. Homens e mulheres khasi sentam-se à beira das estradas com martelos arredondados e reduzem blocos de pedra a pepitas do tamanho de ervilhas que descerão às planícies não por riachos, mas por caminhonetes, a fim de alimentar a explosão de projetos de infraestrutura nas planícies aluviais de Bangladesh.

Por mais prejudiciais e desagradáveis ao olhar que possam ser, a mineração e a extração são peixe pequeno em comparação ao trabalho da natureza. Os sedimentos nas planícies onde os bangladeshianos vêm erguendo suas construções vêm das colinas e montanhas erodidas pela ação

À direita: Agricultor peneira arroz nos arredores de Rohtak, Haryana.

conjunta de dezenas de milhões de anos entre o gelo do inverno, os derretimentos da primavera e as chuvas de monções. Mas, se os humanos não são tão responsáveis pelo nivelamento de montanhas, eles mais do que compensam a culpa quando se trata de submergir as planícies em inundações cada vez mais frequentes, varrendo-as com a elevação do nível dos mares – processos que trarão consequências para o tal boom infraestrutural bem antes de um milhão de anos.

POÇO SEM FUNDO

Agrasen ki Baoli, «o templo das águas», é um dos mais antigos monumentos de Déli. Foi construído (talvez reconstruído) no século XIV por seguidores de um rei mítico cuja vida é narrada nos épicos sânscritos. A Índia é coalhada de tanques e poços escalonados, alguns deles incrivelmente elaborados, usados para irrigação, reserva de água potável e purificação religiosa. Assim retida, a água significa poder político e religioso – bem como a própria vida.

Contudo, hoje o fundo do Agrasen ki Baoli guarda apenas poeira. Pode-se ler isso como um testemunho da onda de calor e seca que abatem a Índia, com as monções suspensas nos estados de Kerala e Tâmil Nadu, ao sul. Recentemente, quando desci ao fundo da estrutura, a temperatura de Déli marcava 48 graus centígrados – à sombra.

Mas é tentador ver os poços secos como uma metáfora das décadas de loucura em que se desperdiçou a preciosa água da Índia. Cerca de quarenta anos atrás, quando o poço ainda tinha água, uma transformação agrícola estava em andamento – uma «revolução verde» que combinava variedades de sementes com fertilizantes artificiais e pesticidas. E água. Os construtores do poço teriam ficado surpresos com o crescimento das safras. Já outras consequências da revolução verde os teriam chocado: erosão do solo, pilhagem de aquíferos, água tóxica em lençóis freáticos esgotados.

O FLUXO HUMANO

Também teriam ficado chocados ao constatar como o desenvolvimento urbano ignorou poços e rios. Um exemplo: no final de junho de 2019, Chennai, a sexta maior cidade da Índia, declarou-se oficialmente sem água. As autoridades municipais culparam a seca. No entanto, anos atrás, as mesmas autoridades abandonaram qualquer política coerente de abastecimento. Não apenas não consideraram as novas demandas ou medidas de conservação, como também permitiram que empreiteiros aterrassem os poços e lagos sazonais que já fizeram a fama da cidade. Torres de condomínios fechados agora se erguem nos

A LIMPEZA DO GANGES

Do Himalaia à baía de Bengala, o Ganges se estende por 2.525 quilômetros, cruzando cinco dos estados mais populosos da Índia. Para os 400 milhões de indianos que vivem em sua bacia, ele é uma fonte de sustento, água e energia, além de meio de transporte. Para os hindus, o Ganges é também uma deusa, adorada com oferendas de flores e comida. A água do rio sagrado não apenas purifica os que nele se banham ou que dele bebem, mas também se purifica a si mesma. Vale dizer que ele é um dos rios mais poluídos do mundo: cerca de 11 bilhões de litros de efluentes industriais são lançados em suas águas todos os dias.
A degradação começa não muito longe de sua cabeceira, com canais e usinas hidrelétricas que liberam ou grandes volumes ou meros gotejamentos de

água, conforme a estação e a demanda da rede. A poluição de verdade piora à medida que o rio flui pelas áreas urbanas, onde esgoto e lixo são arrastados para o rio a cada chuva forte. Mas são dois os locais críticos que se destacam: o primeiro é Kanpur, centro dos curtumes, quase todos em mãos de muçulmanos (junto com os dálites, eles são os únicos autorizados a processar pele de vaca, que os hindus consideram sagrada); o outro é Varanasi, centro espiritual do hinduísmo, onde as descargas de resíduos transformaram o rio num esgoto a céu aberto – o nível de coliformes fecais é 3 mil vezes superior ao padrão da OMS. Desde 1986, sucessivos governos gastaram centenas de milhões de dólares na limpeza do rio, mas o dinheiro muitas vezes foi engolido pela corrupção e por gastos desnecessários. O projeto mais recente e ambicioso é o Namami Gange, lançado pelo primeiro-ministro Modi em 2014, mobilizando 2,9 bilhões de dólares de fundos públicos e privados, mas os resultados demoram.

leitos dos lagos. Um outdoor gigante na fachada de um desses empreendimentos, o *Golden Opulence*, na zone oeste de Chennai, promete aos compradores abastados água ilimitada como principal atrativo. O abastecimento é garantido pelos caminhões-pipa de uma conhecida «máfia da água», cujos milhares de caminhões cuspindo fuligem representam uma ameaça contínua para o ar da cidade, para os pedestres e os ciclistas. Uma vez entregue a carga, eles retornam para o campo – isto é, para as propriedades de agricultores sortudos, donos de aquíferos que reabastecem seus tanques em troca do dinheiro que vem da cidade. Para os fazendeiros que têm recursos para perfurar um poço e instalar uma bomba elétrica, isso é canja de galinha, até porque, em Chennai, a eletricidade é praticamente gratuita para a categoria. E minerar água é mais lucrativo do que esperar por safras agrícolas.

O velho Narayanappa, no distrito de Chittoor, não tem esse tipo de esquema à disposição. As borboletas à sombra do poço que ele cavou na década de 1990 agora voam sobre uma poça estagnada. Ele e sua família contraíram dívidas com agiotas locais para perfurar cinco poços na pequena propriedade. Quatro, inclusive o de 460 metros de profundidade, já estão secos. E, mesmo em anos melhores do que este, essa água subterrânea nem sempre é doce ou potável, dados os níveis de arsênico que a contaminam naturalmente. Nos últimos cinco anos, os caminhões-pipa também têm visitado as fazendas ao redor da vila de Kuppam.

Apostar nas chuvas, portanto, não é uma questão que diz respeito apenas a ministros das Finanças. Se, apesar do ENSO e dos ciclones, a monção for boa, como pensa Rajeevan, Narayanappa vence, vende sua safra, paga suas dívidas. Se não, ele se vê ainda mais endividado. O desespero que os

empréstimos geram tem disparado protestos – alguns violentos – e suicídios. A miséria é um exemplo de como a água determina desigualdades e até destinos. Outro exemplo são os ataques a pessoas de castas inferiores que, desesperadas, recorrem a cisternas em geral monopolizadas por castas superiores. Há também guerras pela posse da água entre estados. Não são fenômenos novos: a acirrada disputa entre Karnataka e Tâmil Nadu em relação à água do rio Cauvery remonta à década de 1890 – mas isso diz muito sobre a incapacidade da Índia moderna de bem administrar as apostas na roleta das monções.

No extremo da propriedade de Narayanappa corre a ferrovia que vai de Mumbai ao sul. Para os velhos da aldeia, as carroças abarrotadas que passam representam outro mundo – um mundo que desfila fugaz diante de seus olhos, algumas vezes por dia. Quando as chuvas não vêm, seus filhos e netos se juntam ao fluxo, partindo para Bangalore em busca de trabalho como operários ou seguranças. Aglomeram-se nos degraus da estação de Kuppam, lotando vagões com o trem ainda em movimento. Só os velhos permanecem nos campos, olhando para o céu vazio e inclemente. 🖋

O fenômeno das monções

Ogo Sh

ANINDYA ROY

Oi, ou

uncho!

A cultura alimentar bengali comentada pelos parentes do quadrinista Anindya Roy, que vivem como «expatriados» em Nova Déli desde 1946.

ça!

Peixe

Em Déli, na década de 1970, não éramos expostos a uma grande variedade culinária: o carro-chefe diário de casa era comida bengali. Não era uma imposição, longe disso! Todo dia, mais de uma vez por dia, a gente declamava em versos, histórias e monólogos que a comida bengali era a melhor do mundo.

Não que tivéssemos experimentado «a comida dos outros». As pessoas que faziam tais afirmações nunca haviam provado nada que não fosse comida bengali. Jamais alguma pizza ou um hambúrguer, um prato do sul da Índia ou do Japão – nem pensar! Talvez em uma única ocasião, suficiente para declarar que todos os alimentos não bengalis eram impróprios para o consumo bengali. Por vezes, uma versão gentrificada de algum prato rico e robusto do norte do país chegava à nossa mesa na forma de curry de grão-de-bico, feijão-vermelho ou *paneer*, acolhidos com graus variáveis de apreensão.

No centro do universo da comida bengali reinava o peixe. Em casa, histórias sobre peixes eram repetidas como parábolas dos Evangelhos. Com a mesma frequência que o hino nacional na escola. Tinha peixe em todo almoço.

Os peixes só tinham virtudes – a menos, é claro, que fosse algum de água salgada (críticas moderadas podiam ser feitas aos peixes do mar). Já peixe de água doce era o alimento mais saboroso e divino que se poderia pôr na boca – quando servido à maneira bengali. Não só era o que havia de mais saboroso no planeta, como era incrivelmente benéfico para a saúde.

QUE BENGALI É ESSE QUE NÃO GOSTA DE PEIXE?

Em suma, o peixe reunia em si todas as qualidades do Super-Homem, do brócolis, das frutas vermelhas, do Batman, da *aloe vera*, da Mulher Maravilha, do chá verde, de todos os ganhadores do Nobel, do Garry Kasparov, da couve, de Gandhi, da espirulina, de Mandela e tudo e quem mais viesse à mente.

Se você por acaso não gostasse de peixe ou criticasse alguma das muitas receitas bengali de peixe – por exemplo o *macharjhal* (um curry de carpa), o *ilish* com sementes de mostarda, camarão com abóbora ou qualquer outra –, as pessoas ao redor procurariam te curar, como se você sofresse de alguma doença, tivesse algum tumor. De saída eu tinha dois problemas com peixe: as espinhas e o fedor. Ou «aroma», como diziam meus vinte e tantos parentes. Essa minha falta de entusiasmo e meu ceticismo em relação ao preparo de peixe à moda bengali faziam de mim uma espécie de ovelha negra da família. E haja paciência para suportar as intermináveis pérolas das virtudes dos peixes!

A MATRIX BENGALI

Digestão e exercício

O tema da digestão era outra incursão diária ao nada. O desconforto na forma de «acidez» dava as caras após cada refeição. Mas por quê?, todos se perguntavam, sem saber a que atribuir. Sempre que sofriam de indigestão, começavam a enumerar as tarefas que haviam realizado naquele dia – teriam sido tão tediosas e cansativas que no mínimo deveriam ter provocado uma aceleração do metabolismo, e não azia!

«Passei o dia andando de lá pra cá no escritório para pegar meu chá, pois a secretária estava de licença.» «Limpei meu armário todinho, tirei até meus sáris de casamento, que são pesadões.» «Tomei banho com quatro baldes de água, o que me obrigou a carregar quatro baldes de água da torneira no pátio até o banheiro (*distância: quatro metros*).» «Lavei os legumes, as folhas, piquei bem pequenininho e depois cozinhei o pilau inteiro.»

Meus familiares listavam essas tarefas diárias em loop, acrescentando pequenos detalhes e dramas a cada rodada. O simples ato de amarrar um cadarço soava como uma escalada ao Everest. O argumento era que tudo o que faziam era exercício suficiente. Qualquer coisa além poderia deixá--los com o corpo deformado, cheio de músculos enormes e ondulantes, um Arnold Schwarzenegger. Ou a atividade poderia talvez envelhecer seus membros, seus ossos e órgãos mais rapidamente, impondo a eles uma tensão desnecessária.

Depois a turma se reunia com um monte de produtos ayurvédicos, homeopáticos e outras medicações que guardavam em suas gavetinhas de remédios, sempre bem organizadas, e tinha início um debate sobre o que resolveria o problema. Até que já era hora de decidir o cardápio do dia seguinte.

AGACHAMENTO SUICIDA

LUCHI (PÃO ACHATADO FRITO)

KOSHA MANGSHO (CURRY DE CARNEIRO)

Nunca ocorreu a nenhum deles que de vez em quando talvez devessem se exercitar ou incorporar à dieta legumes crus, quem sabe ajustar um pouco as refeições e comer menos, deixar de consumir frituras a torto e a direito. Não, nada disso. Encaravam a má digestão com perplexidade e decepção, como se o governo, as Nações Unidas e a polícia de Déli os tivessem abandonado mais uma vez.

As únicas atividades realizadas como ginástica, pelo que me lembro, eram as seguintes: caminhar devagarinho (uns vinte ou trinta passos) na varanda, à espera dos vendedores ambulantes de comida; em posição horizontal, mexer aleatoriamente os dedos dos pés, sob o pretexto de que o ato era «extremamente benéfico» para todo o sistema nervoso; girar e esticar os braços vez por outra depois de acertar um tabefe na TV em busca do sinal de satélite; esticar as pernas no sofá da maneira que se recomenda aos passageiros em voos de longa duração; contorcer-se para coçar as costas, dando a impressão de praticar uma desafiadora postura de ioga.

Comendo fora

Quando meus tios e tias eram pequenos e iam à escola em Déli, só tinham dinheiro para comer comida de rua; ir a um restaurante decente com ar-condicionado era um luxo do qual poucos podiam desfrutar. Na rua, uma das comidas favoritas era o *chaat*, em suas várias formas.

Assim como a Marvel tem um universo de super-heróis, o *chaat* é um universo de pratos com vocação para «lanche». Um deles é o *golgappa* (conhecido como *puchka* em Bengala): uma bolinha crocante e frita de farinha de trigo ou semolina, com cerca de quatro centímetros de diâmetro, recheada de suco de tamarindo com especiarias, chutney, grão-de-bico, batata e masala picante. Encaixa-se perfeitamente na palma da mão, e não é difícil liquidar de seis a dez de uma vez.

O amendoim era um dos queridinhos por causa da praticidade: levava-se para qualquer lugar, comia-se a qualquer hora. Ao vasculhar os bolsos ou a bolsa de qualquer pessoa, não tinha erro: lá estava algum amendoim (sem casca), sobretudo durante o inverno. Aos domingos promoviam-se intermináveis sessões de fofoca em torno de montes de amendoins empilhados em uma cama portátil dobrável no pátio. Enquanto comiam aquela delícia, não paravam de falar da saudade que sentiam da comida de rua de Calcutá, dos rolos de *kathi*, do *ghugni*, do *jhalmuri*, dos *telebhajas*, da costeleta de *kabiraji*, da *paratha* de Mughlai etc. Uma lista que parecia infinita.

Os casamentos eram outra oportunidade de comer fora. Convidar nossa família, com todas as suas ramificações, significava dar de comer a cinquenta ou sessenta almas esfomeadas. Sempre parecíamos uma espécie de horda famélica. Nossas primeiras vítimas eram os garçons que passavam com aperitivos não vegetarianos: eram atacados ao modo dos nativos norte-americanos assaltando caravanas nos filmes de faroeste. Nosso apetite em muito ultrapassava a capacidade limitada das bandejas, então para nos satisfazer antes de passar para os outros convidados os garçons viam-se obrigados a fazer muitas viagens até a cozinha. Não raro eles se escondiam de nós ou mudavam de rota.

Os mais sábios de nossos anciãos olhariam desgostosos para o seu prato se dele não constasse algum elemento não vegetariano. Se você fosse visto com uma salada de legumes ou um curry de lentilha, seria ridicularizado por meses. Seu prato tinha de exibir uma montanha de iguarias não vegetarianas, e, ao fim, só deveria sobrar uma pilha de ossos, como nas cavernas de feras carnívoras.

DR. A:
NÃO SEI QUE VOLTAGEM APLICAR NELE.

DR. B:
QUAL O PROBLEMA?

DR. A:
ELE ANDA COMENDO COMIDA VEGETARIANA NOS CASAMENTOS.

DR. B:
NOSSA. DÊ A CARGA MÁXIMA!

Hoje parece que álcool não falta nos casamentos de Bengala, mas naquela época era raro ver bebidas alcoólicas nas festas de núpcias. Em geral não eram servidas. No entanto, sempre havia algumas garrafas escondidas no banco de trás do carro de alguém. Durante a festa os convidados do sexo masculino que ainda desconheciam o segredo recebiam mensagens clandestinas aconselhando-os a procurar determinado veículo. Sempre voltavam com um sorrisão estampado no rosto. Minha impressão é que o álcool era sempre bebido, mas às escondidas, como se houvesse algo pecaminoso e ilegal associado a seu consumo. Durante as festas de família, era raro ver alguém bebendo abertamente, embora o cheiro de álcool que pairava no ar fosse inconfundível. Homens com idade para beber eram vistos em cantos escuros, como espiões da Guerra Fria, ou então desapareciam por longos períodos, retornando em seguida com uma expressão meio culpada, meio divertida. A bebida preferida da maioria parecia ser o rum – era barato –, e o Old Monk fazia sucesso entre pobres e ricos. Cerveja era difícil de armazenar, e um bom uísque custava os olhos da cara.

Doces bengaleses

Estou convencido de que um dos principais motivos das frequentes dores nas costas que afligiam os adultos da minha família era o contínuo inclinar-se em frente à geladeira aberta em busca de alguma coisa. Uma investigação que durava uns bons minutos.

Só agora que comecei a fazer a mesma coisa é que compreendi o significado daquela atividade frenética que se repetia pelo menos três vezes por dia: eles vasculhavam as prateleiras em busca de doces – e o faziam com uma diligência superior à dos inspetores da ONU encarregados de vasculhar nações suspeitas de esconder armas de destruição em massa. A aposta era que sempre haveria um restinho esquecido, um resquício doce que poderia ser escavado das entranhas do frio. E a verdade é que quase sempre se encontrava mesmo um doce seco – um *sandesh* ou um *kanchagolla* –, mesmo numa casa com vinte pessoas e apenas uma geladeira.

A despreocupação com que os doces eram consumidos até pelos diabéticos era alarmante. A justificativa em geral se apoiava em filosofias escapistas ou informações «científicas» altamente a favor dessa linha de conduta. Bastava um par de dias de abstinência de doces para afligir aquelas almas. Alguns começavam a ter pesadelos, reclamavam de desorientação, perda de memória, falta de flexibilidade física, desinteresse generalizado pela vida e coisas assim. Um tio costumava dormir com uma tigela cheia de doces ao lado da cama; se lhe perguntavam a razão disso, dizia que ficava menos ansioso ao voltar de uma ida noturna ao banheiro. Quando nos visitavam, nossos parentes de Calcutá traziam malas cheias de doces. Alguns argumentavam que, com boa publicidade e exposição, os doces bengalis poderiam alcançar um status semelhante ao do queijo suíço. Até hoje eles nos ligam com regularidade para nos atualizar sobre novos doces que vêm sendo criados em Calcutá.

O que mais admiro na cultura alimentar bengali é a paixão que suscita. Depois de quinze minutos, qualquer conversa desembocava na culinária, independentemente do assunto inicial. E a transição nunca era forçada, era muito natural. Desde criança ouvia as mais criativas descrições de nossa comida. Por exemplo: «o peixe estava tão fresco que me senti como se tivessem me mergulhado numa banheira com água gelada»; «o arroz era tão aromático que as pessoas ligavam lá do Bloco D, a três quilômetros de distância, para me pedir a receita e dar os parabéns». Havia também as histórias de fantasmas associadas à comida. Um tio contava esta: «Em 1943, na casa de dois andares no bairro de Baranagar, em Calcutá, tarde da noite, sentei com uns primos na sala de estar, e pensamos: 'Como seria maravilhoso comer um *luchi* [espécie de pão frito] agora, com *kumro'r chokka* [curry de abóbora]', e então ouvimos um barulho estrondoso no telhado, e uma grande abóbora rolou escada abaixo».

ALGUÉM AQUI POR ACASO PEDIU UM DAAB CHINGRI?
(CAMARÕES GRANDES NO COCO VERDE)

MAIS UM PASSO PARA DENTRO DESTA CASA COM ESSE LEGUME TODO E OS LAÇOS DE SANGUE SERÃO ROMPIDOS.

Nossos pais procuravam nos convencer a experimentar todo tipo de comida que surgia em nosso prato. Esse treinamento funcionou para a maioria dos meus primos, mas infelizmente continuo um fanático opositor da família das cucurbitáceas, como abóboras, pepinos e melões. Se encontro algo do gênero no meu prato ou na cozinha, viro um guerreiro espartano pronto a defender a própria honra.

Parentes mais velhos gostavam de se posicionar atrás de você e enumerar dicas sobre como comer, o que comer primeiro, em qual prato espremer um pouco de limão ou esmagar um pouco de pimenta verde. Um tio enfiava na boca um dos peixes mais espinhosos do mundo, o bata, e tirava a espinha inteira, intacta, como num truque de mágica. Por tudo isso, há pouco tempo cheguei à conclusão de que, embora dispense alguns pratos, a conversa apaixonada em torno da comida bengali é para mim absolutamente indispensável.

ÚNICA REGRA PARA O CURRY DE PEIXE: ESMAGAR COM FORÇA A PIMENTA NO ARROZ, COMO SE ELA TIVESSE XINGADO SUA MÃE.

Ateus em perigo

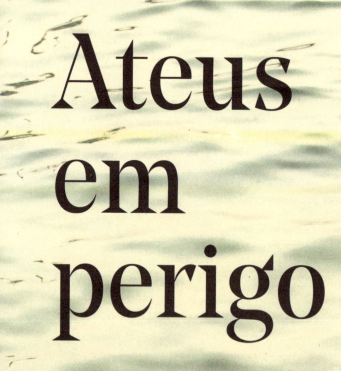

Um homem se banha no Ganges, ao amanhacer em Varanasi.

A terra da espiritualidade, de gurus e líderes sagrados – e onde o nacionalismo hindu governa – parece não ser lugar para incrédulos, uma minoria que, abominada por todas as religiões, tenta levar adiante sua batalha racionalista em meio a assassinatos e intimidações.

JULIA LAUTER

89

A DESMISTIFICAÇÃO

A escuridão não chega de repente. Ela se infiltra sorrateira, alimenta-se da penumbra gota a gota, até de repente ser noite cerrada. Na Índia, o início das trevas se deu com um crucifixo que chora.

Dez de março de 2012. Centenas de peregrinos se empurram numa ruela de Vile Parle, bairro pacato a noroeste de Mumbai, metrópole com 20 milhões de habitantes, e se agacham um ao lado do outro. O espaço é abafado, apertado, empoeirado. No centro, desponta um Cristo pregado a um crucifixo de madeira com dois metros de altura. Em intervalos de segundos, gotas de água escorrem do pé do Filho de Deus, são coletadas pelos padres e passadas aos fiéis. Os peregrinos umedecem a testa e os lábios, bebem as lágrimas do crucifixo, que segundo os padres trazem felicidade e saúde. As pessoas se ajoelham e oram para o crucifixo que chora.

Sanal Edamaruku abre caminho em meio à multidão extasiada e avança até o crucifixo com a elegância confiante de um dançarino clássico indiano. Aos 57 anos, está, como sempre, impecável – veste uma camisa imaculadamente branca, seu cavanhaque está bem aparado. Famoso por ter desmistificado milagres de gurus e magos, é presidente da Associação Racionalista Indiana. Em um talk show recente, ao contestar a existência de milagres, recebeu dos seguidores da Igreja católica um convite para conhecer o crucifixo que chora. Partiu de Nova Déli, a milhares de quilômetros de distância, e foi conhecer o tal milagre.

Sob os olhares desconfiados dos fiéis, Edamaruku examina atentamente a base do crucifixo, o muro contíguo e o chão ao redor. Na multiétnica Mumbai, marcada pelas cicatrizes de conflitos religiosos, é tênue a fronteira entre o êxtase divino e o fanatismo sangrento.

Em um muro próximo, o caça-gurus descobre algas e segue seu rastro. Atrás de uma barraca, a apenas poucos metros do crucifixo, o milagre de Vile Parle é esclarecido: o crucifixo que chora é a extremidade gotejante de um ralo entupido. Uma reação por capilaridade na peça de madeira faz com que a água suja e malcheirosa seja sugada para cima até gotejar pelo furo em que está cravado o prego para a fixação do Redentor, também de madeira. Pura física. «Durante todo esse tempo, centenas de peregrinos esfregaram água de esgoto na pele», diz Edamaruku, que até hoje balança a cabeça, sem acreditar.

Para confirmar sua hipótese, colheu uma amostra da água e deixou o local o mais rápido possível, sem falar com os peregrinos. «Teriam acabado comigo naquele mesmo instante», diz hoje. Tendo crescido num lar ateu, ele foi, segundo conta, o primeiro aluno na Índia a obter judicialmente o direito à escolaridade sem precisar indicar casta nem religião. Como estudante universitário, viajou pelo país numa van antiga para difundir o secularismo. E ele sabe como tirar proveito de sua habilidade retórica. Na mesma noite, quis desmistificar o milagre em uma mesa-redonda na emissora regional TV9. A entrada ao vivo lançaria uma sombra em sua vida, da qual nunca mais conseguiria se libertar.

Muitos dizem que o próprio Sanal Edamaruku é culpado, que teria se mostrado

JULIA LAUTER — Repórter e autora de textos de teatro. Colabora com revistas como *Reportagen*, *Süddeutsche Zeitung Magazin*, *Tageszeitung* e *Amnesty Journal*. Na última década viajou pela Índia, onde permanceu por longos períodos, para estudo e pesquisa. Em 2018, ano em que publicou este artigo, ela se interessou por Perlyar (1879-1973), um militante ateu do sul da Índia, e com isso se apaixonou pela história do movimento racionalista indiano. Além de atuar como jornalista e dramaturga, faz curadoria de exposições sobre documentação literária.

Acima: Homens ao amanhecer em Varanasi.

muito vaidoso, que, mais do que convencer o público, seu intuito era aparecer. Que teria sido ele a evocar contra si mesmo a maldição do crucifixo que chora.

Pensar na Índia é pensar em religião. Não há rua sem templo, não há casa sem imagens de divindades, gurus ou líderes espirituais. Do para-choque de quase todo automóvel pende um feixe de pimentas, limões e carvão, que supostamente protegem contra acidentes – uma superstição inofensiva. Mas e quando as pessoas deixam de ir ao médico porque curandeiros lhes dizem que a doença é um espírito mau? E quando a mera suspeita de alguém ter consigo um pedaço de carne bovina pode mobilizar linchamentos? Quando o Ministério da Saúde recomenda mais higiene corporal e ioga em casos de depressão? Quando conflitos entre as máximas autoridades policiais são resolvidos na presença de um mestre espiritual, como ocorreu em outubro de 2018?

Observando mais de perto, a imagem da Índia como um mundo espiritual fabuloso logo apresenta fissuras. A simplificação da cultura indiana é uma distorção perigosa, já dizia em uma entrevista em 2006 Amartya Sen, o ganhador do prêmio Nobel. Desde 2014, o país é governado pelo partido nacionalista hindu BJP. Muitos de seus apoiadores querem uma nação exclusivamente hindu. Embora em público a cúpula do partido se mostre mais moderada, o perigo é concreto para as minorias religiosas dos muçulmanos, cristãos, jainistas e pársis. O risco é ainda maior para aqueles que se manifestam contra a crença em milagres: os racionalistas.

SEM DEUS NA ÍNDIA

O ateísmo e a crítica à religião costumam ser atribuídos à influência do pensamento europeu. No entanto, já no ano 600 d.C. havia na Índia uma corrente de pensamento que não acreditava em divindades nem em vida após a morte, e rejeitava os rituais religiosos: a escola Charvaka. Alguns estudiosos acreditam que os seguidores da filosofia Charvaka foram os primeiros ateus no mundo – muito antes de a ideia iluminista de vida sem divindades ter abalado a Europa. Contudo, no século XVI o rastro dessa tradição se perdeu. Os atuais movimentos ateístas na Índia têm suas raízes nos movimentos reformistas do século XIX, mas também foram fortemente influenciados por ateus europeus, cujos textos se difundiram na Índia colonizada. Na época, costumavam ser chamados de *free thinkers*, livres-pensadores. Com o início do século XX, o racionalismo se torna um conceito tanto para a escola de pensamento quanto para as pessoas que os fiéis designam «como aquelas que renegaram a fé».

No censo de 2011, cerca de 3 milhões de pessoas na Índia declararam não pertencer a nenhuma religião. Desde a última pesquisa, dez anos antes, essa parcela da população triplicou, ultrapassando todas as comunidades religiosas do país. Ao mesmo tempo, cresce a pressão social: em setembro de 2017, a jornalista Gauri Lankesh foi morta a tiros na frente de sua casa. Até então, esse havia sido o último e mais conhecido crime de uma série de homicídios contra racionalistas. Anteriormente, um crítico literário, um político e o médico Narendra Dabholkar já haviam perdido a vida.

O que une as vítimas desses homicídios é a luta contra as superstições e em prol de uma sociedade pluralista. Em meio aos ânimos acirrados do país, infectado pelo vírus mental da pureza cultural e religiosa, e no qual conflitos religiosos são usados como instrumento de poder e os fiéis mais radicais de todas as religiões se tornaram ultrassensíveis, para muitos essa pauta equivale a uma declaração de guerra. Pouco antes de ser assassinada, Gauri Lankesh escreveu em um e-mail para seu ex-marido: «Estou farta de lutar contra as forças fascistas no país. Estou farta de estar sempre batendo minha cabeça contra a parede». E, um pouco mais tarde: «O mundo se tornou insuportável». Três meses depois de ela ser assassinada, um ministro de Estado do partido governista BJP declarou que a palavra «secular» deveria ser apagada da constituição. Os inimigos dos racionalistas se posicionavam.

A certa altura, os ânimos na Índia mudaram, dizem os racionalistas. A partir desse momento, a luta contra os descrentes se iniciou com toda a força. Essa é a história de três gerações de racionalistas empenhados nessa batalha, cada uma delas a seu modo. Seus maiores representantes são o orador Sanal Edamaruku, que há décadas lidera confrontos intelectuais em nome da crítica à religião; o mediador Hamid Dabholkar, que perdeu o pai na luta pelo bom senso na Índia e dá continuidade ao seu trabalho de educador; e a ativista Chaitali Shinde, que organiza a oposição na internet e em reuniões clandestinas. A história em comum dos três é a luta pela racionalidade e pela liberdade de opinião na Índia – e ela mal começou.

No início, em 2012, o crucifixo que vertia lágrimas ainda estava pregado a uma parede em Mumbai, Sanal Edamaruku ainda era o porta-voz dos defensores da boa informação, e sua vida ainda não havia se chocado contra o novo radicalismo. À noite, após a visita ao crucifixo, ele se encontrava no estúdio para um debate acalorado com os representantes da Igreja católica. Seu trunfo seria a análise da água, que havia confirmado sua hipótese. Não era um milagre divino, mas um ralo entupido que fazia o crucifixo «chorar». Edamaruku acusava a Igreja de explorar a ignorância das pessoas e utilizar supostos milagres para engordar seus rendimentos.

Os defensores da Igreja, entre eles um padre, um advogado e uma representante da comunidade, ficaram possessos. A voz foi dada ao bispo de Mumbai. Agnelo Rufino Gracias disse que a Igreja não comercializava o crucifixo como milagre e tinha uma longa tradição de fomento à ciência. «Do meu lado estão descobridores como Galileu Galilei e humanistas como Leonardo Bruni», respondeu Sanal Edamaruku, «do seu, o papa Bento, que apoia o exorcismo.» O conflito se intensificou, o bispo exigiu um pedido de desculpas; quando Edamaruku se recusou a fazê-lo, Gracias proferiu diante das câmeras uma sentença de amplo alcance: com suas declarações, o caça-gurus teria ofendido a Igreja e seria responsabilizado por isso. Fim da discussão. Pouco depois,

quando Edamaruku estava para deixar o estúdio, funcionários da emissora o impediram. Um grupo de revoltosos esperava por ele diante do edifício. «Pela primeira vez, tive medo de morrer», diz Edamaruku. «Eles vieram com paus, e vieram para me matar.» Permaneceu no estúdio até o amanhecer, quando pôde fugir pela porta dos fundos.

No dia seguinte, lia-se nos jornais que o bispo denunciaria Edamaruku por blasfêmia. O parágrafo 295A da Constituição indiana, em vigor desde 1927 e ainda válido, é uma relíquia dos tempos do domínio britânico. Quem violar a religiosidade de qualquer classe de cidadãos poderá ser punido com até três anos de prisão.

Edamaruku disse que, com o esclarecimento do suposto milagre, apenas cumpriu seu dever de cidadão. De fato, também da Constituição consta que todo cidadão da Índia deve «promover e desenvolver a compreensão da ciência, o humanismo e o espírito reformista». De volta a Nova Déli, ele se preparava para enfrentar o conflito no tribunal. «Eu já contava com advogados que queriam me defender gratuitamente. Meu caso era uma grande oportunidade para enterrar o parágrafo 295A e fortalecer a liberdade de opinião.»

Entretanto, ainda antes de os representantes da Igreja prestarem queixa, Edamaruku recebeu uma ligação do serviço de inteligência do Ministério do Interior. Os funcionários lhe comunicaram que alguns grupos violentos exigiam não um processo, mas sua morte. No Facebook, outros discutiam com fervor como «purificá-lo em um ritual de dor». Edamaruku recebeu proteção policial. Mudou-se para a casa de um amigo e, depois, para um dormitório da residência estudantil no campus da Universidade de Nova Déli, onde se escondeu por um mês e meio. Um período tenebroso. Edamaruku se sentia arrancado da própria vida. No início de julho,

Ateus em perigo

descobriram-no em seu esconderijo e o perseguiram. Ele enviou um pedido de socorro à ramificada rede dos ateus. Pekka Elo, presidente da Associação Humanista Finlandesa e colaborador do Ministério da Educação na Finlândia, respondeu no mesmo instante: ele deveria pedir um visto na embaixada finlandesa até o meio-dia. Edamaruku correu de táxi até a embaixada. «Eu não tinha nada comigo: nem passagem, nem roupa, apenas 210 euros em dinheiro.» Recebeu o visto e, na manhã seguinte, seu contato lhe enviou uma passagem da Finnair. «Só quando o avião começou a taxiar é que me senti aliviado. Enviei mensagens aos amigos mais próximos, dizendo que estaria em segurança.» Em seguida desligou o celular e adormeceu, deixando para trás o ocaso social da Índia. Após sete horas de voo, encontraria o verão finlandês, no qual nunca escurece.

Na época, Edamaruku pensou que ficaria apenas alguns meses na Finlândia. Vive no exílio há seis anos, não sabe quando ele vai acabar. De seu apartamento em Helsinque, trabalhou por muito tempo como editor dos panfletos ateístas *Modern Freethinker* e *Therali*. Hoje escreve livros e artigos, e participa de conferências internacionais. Ainda dirige a Associação Racionalista Indiana. Quase todas as noites senta diante do computador para entrar em contato com seus companheiros de luta. Segundo ele, o movimento está cada vez mais forte, já seriam 120 mil membros em mais de 225 grupos locais.

Pelo Skype, é possível conversar com Edamaruku em seu exílio finlandês. O presidente dos racionalistas fala com voz tranquila, sempre preocupado em ressaltar os lados positivos de sua história. «Você caminha ou dirige o carro horas a fio e não encontra ninguém. Gosto do silêncio e da tranquilidade», declara durante uma videochamada. Às vezes o longo inverno finlandês lhe parece difícil. Em muitas noites, apenas a luz azulada da tela ilumina o apartamento de Edamaruku. «Passei quase a vida inteira em meio ao tumulto de Nova Déli. Isso aqui é um duro contraste.»

Certa vez, em agosto de 2013, ele esteve a ponto de abandonar o exílio. Seu amigo Narendra Dabholkar, uma das cabeças mais influentes do movimento, quis convencê-lo a retornar. «Ele disse que minha fuga desmoralizaria os racionalistas na Índia, que o movimento já estava forte o suficiente para cuidar da minha segurança. 'Volte', ele me exortou.» Edamaruku se interrompe e respira fundo. «Quatro dias depois dessa conversa, ele estava morto.» Às 7h20 do dia 20 de agosto de 2013, Dabholkar foi assassinado a tiros na rua.

E no mundo dos racionalistas indianos de repente se fez noite escura.

A DESILUSÃO

Até aquela fatídica manhã das falsas lágrimas de Cristo, há seis anos, Narendra Dabholkar saía para passear toda segunda e terça-feira, antes que o calor do dia sufocasse a cidade. Gostava da vista da ponte Shinde, no centro de Pune: o sol nascendo no Oriente, refletindo-se no rio Mula e circundando os robustos búfalos-asiáticos que pastavam nos prados; por fim, o suntuoso templo Omkareshwar Mandir na outra margem, reluzindo em tom de rosa. Dabholkar era um homem apegado à rotina e, apesar das ameaças de morte, nunca renunciava a seu passeio matutino. «Se eu precisar de proteção policial em meu próprio país contra minha própria gente, então algo estará errado comigo», disse uma vez em uma entrevista. «Luto na esfera constitucional; não contra alguém, mas por todos.»

Naquela manhã de agosto, testemunhas viram duas pessoas chegarem de motocicleta atrás dele, a toda a velocidade. Foram dados quatro disparos, dois atingiram

GURU SUPERSTAR

O empreendedor mais influente da Índia pode ser um guru do ioga que renunciou a toda posse material? Ligue a TV ou veja os outdoors na estrada, e lá está ele, Baba Ramdev, com seus mantos laranja e sandálias de madeira, em poses de ioga, anunciando produtos ayurvédicos da Patanjali, sua empresa. Nascido em uma família camponesa, o jovem Ramdev embarcou na carreira de professor de ioga nos anos 1990 e, em conjunto com Acharya Balkrishna – hoje diretor-gerente da empresa e um dos homens mais ricos do mundo –, partiu em busca de ervas para produzir seus famosos remédios. Foi durante aqueles anos que Ramdev renunciou aos bens mundanos para viver como um asceta, ou *sanyasi*. Mas ele estava determinado a cumprir a missão de restaurar a arte do ioga e as tradições da medicina indiana, conferindo-lhes sua glória ancestral. No início dos anos 2000, começou a apresentar um programa de TV e fundou a Patanjali. Como resultado, não apenas remédios, mas também pasta de dente de cúrcuma, sabões de açafrão e detergentes feitos com urina de vaca foram parar nas residências indianas: uma escolha patriota, alinhada ao nacionalismo do primeiro-ministro Narendra Modi, do BJP. Baba Ramdev é agora uma estrela. Uma estrela que calça sandália de 400 rúpias (por volta de 4,80 dólares). Esse guru que fundou a empresa que mais cresce na Índia não é, na prática, seu dono, nem sequer recebe um salário – e como poderia, um *sanyasi* que fez voto de pobreza?

Dabholkar, um na nuca e outro nas costas. Os criminosos se precipitaram em direção ao centro da cidade. Narendra Dabholkar morreu ainda na ponte, olhando para a correnteza do rio, o templo rosa, o céu repleto de milhafres-pretos espantados.

Ele deveria ter sido mais cuidadoso, diz seu filho. Hamid Dabholkar tira os óculos, põe as mãos nos olhos. Após uma breve pausa, recoloca os óculos vagarosamente e continua a falar em voz baixa. «Mas nenhum de nós acreditou que pudesse acontecer alguma coisa do gênero.» O psiquiatra de quarenta anos está sentado num pequeno escritório mobiliado com parcimônia, no segundo andar de um edifício nos fundos de um pátio escuro. Aqui em Satara, sua terra natal, uma pequena cidade pacata no estado de Maharashtra, ele dirige uma pequena clínica de reabilitação. Na rua ninguém conhece o nome da fundação que financia essa instituição, mas basta perguntar por Dabholkar para receber a indicação do caminho.

Hamid Dabholkar não demonstra a idade que tem. Os cabelos bem pretos caem fartos sobre a testa, a expressão é taciturna, o bigode espesso parece querer marcar sua idade adulta, afirmar sua autoridade. O assassinato destruiu não apenas a vida de seu pai, como o trabalho de uma vida inteira. Agora o filho tenta juntar os estilhaços, um a um.

O que Narendra Dabholkar fez para se tornar alvo desse atentado? No final dos anos 1980, ele trabalhava como médico em Satara, sua cidade natal. Havia anos, o filho de família racionalista combatia o sistema de castas, apoiando pessoas que queriam estudar, trabalhar e se casar a despeito da casta a que pertenciam. No entanto, o médico nada podia contra os conselhos de anciãos das aldeias e cidades, os guardiães das antigas tradições que até hoje penalizam com punições draconianas quem se rebela – os

Ateus em perigo

Procissão de sikhs em Nova Déli.

reformistas são sistematicamente difamados e sabotados. Acreditando que poderia convencer mais pessoas a buscar mudanças, ele fundou o Comitê para a Erradicação da Superstição em Maharashtra: MANS (Maharashtra Andhashradddha Nirmoolan Samiti). «Não acredito em Deus nem em religião. Mas as pessoas ao meu redor acreditam em Deus e em religião. Não conseguirei nada sem me unir a elas.» Essas palavras do filósofo e poeta Narhar Ambadas Kurundkar serviram de inspiração para Dabholkar. Quem se filiasse ao MANS não precisava ser ateu, só precisaria estar pronto para questionar a si mesmo e a sua fé de modo crítico. O restante viria por si só, ele acreditava.

O movimento cresceu muito rápido. Milhares de voluntários ensinavam a arte do debate crítico a alunos e professores. Em um país onde pedir explicações é considerado falta de respeito e acreditar é mais valorizado do que compreender, Dabholkar e seus companheiros queriam formar uma geração de espíritos críticos. O movimento acabou fazendo muitos inimigos, sobretudo em 2003, depois que Dabholkar e outros apresentaram um projeto de lei para proibir a magia negra – superstições abusivas como sacrifícios humanos, crimes relacionados a exorcismos de forças malignas e fraudes de curandeiros. As forças radicais do país acusaram Dabholkar de antirreligioso e anti-hindu, e as ameaças se intensificaram.

«Meu pai lutou por essa lei durante dezoito anos», diz seu filho Hamid Dabholkar. «Ele tinha muita esperança de que ela ajudaria a acabar com as trevas.» Hamid manuseia uma caneta com inquietação. «Infelizmente a lei só foi aprovada seis dias após a morte dele e entrou em vigor três meses depois.» A caneta em sua mão gira com mais rapidez.

Desde essa época, cerca de quinhentos casos foram julgados com base na «Anti--Superstition Black Magic Act». Hoje o MANS tem 5 mil membros, seu pico histórico. «Não se pode matar a semente do racionalismo com armas. Meu pai sabia disso», diz Hamid. Desde o homicídio, o filho conta com proteção policial 24 horas por dia, bem como sua irmã e sua mãe. Sentado diante da porta do consultório do psiquiatra, um homem discreto, de terno preto, de uma tropa especial da polícia, monta guarda. «Tenho medo, todos nós temos medo», diz Hamid Dabholkar. E, após uma breve pausa: «É uma reação natural».

Ele parece dividido entre seu papel de filho enlutado e o de psiquiatra e psicanalista. «Desde seu assassinato, não sou mais o mesmo. Vivo o sonho do meu pai, embora saiba que isso é uma elaboração complexa da dor, não resolvida», diz. Essa decisão e esse caminho eram de seu pai, ele acrescenta quase rebelde, parecendo mais jovem ainda.

Hamid e sua irmã Mukta cresceram em uma família secular, longe dos ritos e costumes que caracterizavam a vida ao redor. Tendo recebido o nome do reformista muçulmano Hamid Dalwai, só percebeu no quarto ano o quanto sua família era diferente das outras. Na ocasião, o menino de nove anos teve aula sobre a batalha comandada por generais hindus contra os imperadores mogóis de origem muçulmana. A partir de então, começaram as provocações por causa de seu nome muçulmano. Quando voltou para casa, desabafou com o pai, que disse: «Nomes não têm religião».

Lembra ter ficado satisfeito com a resposta. Religião não era para eles. Hamid e a irmã sempre fizeram parte do movimento, mas com o assassinato do pai foram lançados da periferia para o centro. «Para nós, não se trata de vencer uma disputa intelectual, nosso racionalismo quer de fato ajudar as pessoas», diz o psiquiatra. Esse seria o fundamento de seu ambulatório, que ele dirige além da clínica de reabilitação

> «Para nós, não se trata de vencer uma disputa intelectual, nosso racionalismo quer de fato ajudar as pessoas.»

na casa de seus pais. Nas paredes baixas de barro estão penduradas as imagens de seus antepassados. Seu pai ainda não tem um lugar na fileira. «Quando ele ainda estava aqui, pouco ficava em casa, eu mal o via», conta o psiquiatra, que diz que hoje pode encontrá-lo todos os dias, ali ou na clínica, no movimento como um todo. «Agora ele está sempre presente.»

O MANS elegeu a ponte Shinde como símbolo da determinação do movimento: desde o assassinato do «Doutor», como seus apoiadores o chamam carinhosamente, todo dia 20 de cada mês é organizada uma manifestação. Até hoje, foram 69. «Vamos lá, onde ele sacrificou sua vida, para manter a pressão pública sobre as investigações», diz Hamid. Até hoje o assassinato não foi esclarecido. Durante anos seu pai foi alvo de denúncias e ameaças de círculos radicais hindus, em especial da Sanatan Sanstha, organização de Goa cujo objetivo declarado é a unificação da espiritualidade hindu e da ciência. Mas quem a conhece fala de uma cientologia para hindus ortodoxos. Sua sigla: ss. O culto foi fundado em 1999 por um hipnoterapeuta, e desde 2007 sempre aparece em manchetes de

atentados a bomba. Seus membros passam por treinamentos de combate com o tridente, arma do deus Shiva. Em suas inúmeras publicações, evocam a Terceira Guerra Mundial e postulam que uma bala disparada, quando acompanhada de orações, nunca erra o alvo. Além disso, em suas conferências anuais, apresentam listas dos opositores à sua causa. Por muitos anos Narendra Dabholkar esteve no topo.

Cinco anos depois do crime, a polícia federal declarou que o homicídio de Narendra Dabholkar foi um ato terrorista: o racionalista teria sido assassinado com o intuito de espalhar inquietação e terror. Se essa declaração significou uma reparação para os parentes, entre os racionalistas do país quase ninguém acredita que haverá justiça. «Todos os partidos políticos fracassaram no combate rigoroso aos elementos radicais», diz Hamid Dabholkar. Quando o assunto é política, ele fala ainda mais baixo, ponderando cada palavra. Examina quem está à sua frente, olha para o policial sentado a poucos metros e que está ali para protegê-lo. Depois de tudo o que aconteceu, é difícil restabelecer a confiança. Quase sussurrando, acrescenta: «Se nossa democracia funcionasse, meu pai ainda estaria vivo».

Sempre que publicam artigos sobre o assassinato de seu pai, Hamid Dabholkar lê os comentários dos leitores: «Milhares aprovam o crime, milhares cujo espírito está repleto de ódio». Às vezes, diz, ainda se sente invadido pelo desespero. Combater as trevas pode levar a vida inteira, pode até custar a vida. Mas ninguém pode dizer se algum dia a luta trará luz.

À esquerda: Um bebê é abençoado em sua festa de aniversário de um ano, em Nova Déli.

A REVOLTA

De repente, de um momento para o outro, as trevas se tornam palpáveis. Uma mulher de 72 anos está em pé em uma sala e é sacudida por um deus. Seu corpo se contorce sob o tecido delicado de seu sári verde; no meio de sua testa brilha um grande ponto vermelho; ela arregala os olhos. De repente uma risada ecoa, depois um grito, gemidos e suspiros. Com um rápido movimento ela solta o coque, os cabelos grisalhos caem desordenados sobre o rosto. Ela caminha como um fantasma, retorce os braços e as pernas. Em uma das mãos segura um tablete de cânfora branco, do tamanho de uma unha. Acende-o, ergue a chama e a põe sobre a língua. O fogo tremula por pouco tempo e a mulher fecha a boca lentamente. Ela para por um instante, depois cospe o tablete. Vandana Shinde ergue a cabeça, agora seu olhar é cristalino, a voz, serena. «Tudo truque», ela diz, tranquila. Em seguida torna a amarrar os cabelos em um elegante coque e deixa-se cair em uma poltrona funda.

Na Índia, a magia é um senhor negócio. Autoproclamados magos engolem espadas ou fogo milhares de vezes, deitam-se em tábuas cheias de pregos ou entortam ferros. Nos rentáveis espetáculos itinerantes, charlatães prometem a cura a espectadores admirados e ignorantes. Em troca de dinheiro, resolvem desde câncer ou esquizofrenia até problemas amorosos, passando por dificuldades econômicas. Vandana Shinde luta contra essas práticas. Há vinte anos essa administradora de empresas aposentada viaja por conta própria por todo o estado de Maharashtra. Suas apresentações têm um final bem diferente daquelas dos charlatães, pois após o show ela explica seus truques. Vandana Shinde semeia a dúvida entre os supersticiosos. De graça, é claro. Afinal, quem pagaria pela desmistificação de milagres?

VIGILANTES DE VACA

Vacas errantes soltas depois de velhas e improdutivas são fáceis de achar na Índia. Os hindus respondem por 80% da população indiana, e a proteção desses animais, considerados sagrados, é uma questão cara ao coração de muita gente: há leis para protegê-los, e abater uma cabeça de boi é ilegal em quase todos os estados. Nos últimos anos, entretanto, grupos conhecidos como vigilantes de vacas decidiram aplicar a lei com as próprias mãos. Essas milícias são compostas de rapazes de baixa escolaridade recrutados por grupos nacionalistas. Eles patrulham regiões rurais à noite, armados, à procura de veículos transportando vacas. Em geral eles apenas informam suas suspeitas à polícia, mas estão cada vez mais com sede de fazer justiça. Os afetados são quase exclusivamente minorias: a maioria das vítimas são muçulmanos, dálites ou adivasis. Em setembro de 2015, Mohammad Akhlaq, um muçulmano de 56 anos, foi arrastado para fora de sua casa e assassinado com uma tijolada na cabeça – tudo por causa de um boato de que ele teria carne de boi em casa. E não foi um caso isolado: a violência ligada à questão das vacas resultou em centenas de ataques entre 2012 e 2018, tendo sido assassinadas, em doze estados indianos, pelo menos 44 pessoas, 36 delas muçulmanas. Esses episódios violentos se multiplicaram a partir de 2014, quando o BJP subiu ao poder. Proteger vacas era um tema recorrente na campanha de Narendra Modi e seu partido, que nunca se desvincularam dessas incursões punitivas.

Acima: Procissão em homenagem ao guru Ravdas, em Nova Déli.

Durante a apresentação, sua filha permanece em silêncio, com os braços cruzados às costas. «Eu não conseguiria fazer essas apresentações para centenas de pessoas», diz Chaitali Shinde, de 42 anos. Como a mãe, ela é baixa, delicada e veste-se à maneira tradicional. Usa um *salwar kameez* verde-escuro, ou seja, uma túnica combinando com a calça e um xale. Não é preciso conversar muito para reconhecer que, apesar da roupa, sua postura nada tem de tradicional. «Acho que as pessoas rezam para atingir um estado de entorpecimento, como se fossem zumbis. Em vez dessa letargia, eu sempre quis ter clareza e racionalidade», diz.

Em seu apartamento, Shinde fala de sua descrença sem meias-palavras. Como seus pais já eram céticos, o racionalismo desde sempre esteve presente em sua vida. Entretanto, fora de casa ela escolhe as palavras com cautela. Também foi marcada pelos ataques a quem pensa da mesma forma. Mãe solteira, precisou de muito tempo para fazer as pazes com quem é diferente. Fora da família, sempre ocultou sua descrença – quando criança na escola, como jovem na universidade, hoje no trabalho. Ela desenvolve programas educativos digitais para empresas. Em muitos estratos sociais da Índia, ser ateu é um tabu. Pessoas sem fé são vistas como insensíveis e tristes e, no pior dos casos, incultas e moralmente degeneradas.

Ateus em perigo

À esquerda: Um *sadhu*, asceta hinduísta, dorme em um dos *ghats* de Varanasi.

Seu casamento com um hindu tradicional fracassou também devido a seu racionalismo. «Eu queria analisar nossos problemas, e meu ex-marido dizia que brigávamos por causa da má energia no ambiente, resultante de um espelho dependurado da maneira errada», diz Shinde. A culpa do divórcio, segundo a opinião unânime dos familiares de seu ex-cônjuge, seria a falta de fé de Shinde. Hoje ela vive com a mãe, o irmão e a filha em um lar que abraça o racionalismo. «Se acontece de brigarmos, pelo menos a culpa não é da mobília», ela diz.

No entanto, até que ponto é possível se distanciar do mundo externo? Por quanto tempo se consegue desafiar a escuridão? Muitos indianos que comem carne bovina em casa, bebem álcool e não praticam nenhuma religião temem que o extremismo religioso contra ex-hindus, ex-muçulmanos e ex-cristãos continue a crescer. Em um país onde linchamentos podem ser provocados por boatos, quem pensa diferente sente a própria existência ameaçada já há bastante tempo. E se as crianças derem com a língua nos dentes na escola? E se a discriminação se transformar em violência aberta? Já fazia tempo que Chaitali Shinde sentia que tinha de fazer alguma coisa. Mas só se engajou quando Narendra Dabholkar foi assassinado. Ele era amigo de seus pais. No dia de sua morte, ela falou com centenas de pessoas que se reuniram diante da administração distrital de Thane, cidade onde mora, no extremo nordeste de Mumbai. Chocada, buscava trocar ideias, não queria ficar sozinha com sua consternação. Com uma coisa todos concordavam: o assassinato de Narendra Dabholkar intensificaria as forças de extrema direita no país. Era preciso se precaver contra outros ataques à liberdade de pensamento e expressão. E os racionalistas decidiram revidar, usando como arma o bom senso e o poder da comunidade.

Fundaram um grupo, «We the Brights» [Nós, os esclarecidos, ou Nós, os inteligentes]. Uma luz nas trevas. Muitos racionalistas da velha escola os criticaram, achavam o nome arrogante, transmitindo mais uma mensagem de polarização do que de conciliação. Hamid Dabholkar foi um deles. Os inflamados racionalistas, porém, se mantiveram firmes: o nome apontaria para um futuro no qual os descrentes já não precisarim se desculpar. «Deixamos de acreditar que nesse país é possível afugentar as trevas com pequenas lutas contra superstição e curandeiros», diz Chaitali Shinde.

Desde sua fundação em 2013, o grupo logo ultrapassou 4 mil membros, que se encontram tanto on-line quanto off-line. «Na internet somos um grupo fechado, podemos extravasar nossa frustração por sermos considerados loucos e porque todos ao redor buscam a salvação com estátuas e crucifixos. É um espaço para desabafar, às vezes dá vontade de tocar fogo em toda essa merda.» E ela acrescenta: «Mas é claro que jamais faríamos isso». Às vezes basta saber que em algum lugar existem pessoas que pensam parecido.

Fora do ambiente virtual protegido, os Brights se encontram clandestinamente. Para chegar ao local da reunião, é preciso contar com a ajuda de um guia que conduz o participante por ruelas cada vez mais estreitas do vilarejo de pescadores em Worli. O povo koli já vivia nessa faixa de terra na área oeste de Mumbai e que avança sobre o mar Arábico, quando ali não havia nenhuma metrópole, apenas sete ilhas idílicas que emergiam dos manguezais.

Ateus em perigo

> «As pessoas se comprimem pelas ruelas, param diante de seu deus, tocam os pés da estátua ou o crucifixo e seguem apressadas. Crianças, idosos, mulheres de sáris, homens com tatuagens tribais. Muitos nem chegam a interromper a conversa ao celular.»

A poucas centenas de metros do ponto de encontro há três templos, uma igreja, uma mesquita, inúmeras estátuas e pequenos relicários. As pessoas se comprimem pelas ruelas, param diante de seu deus, tocam os pés da estátua ou o crucifixo e seguem apressadas. Crianças, idosos, mulheres de sáris, homens com tatuagens tribais. Muitos nem chegam a interromper a conversa ao celular.

A casa do atual anfitrião é pintada de um laranja chamativo. Ele a teria construído com as próprias mãos, conforme conta com orgulho. De acordo com a tradição, ele pertence à classe dos sem-castas, os dálites. No mundo dos racionalistas, não deveria haver castas nem diferenças. «Faz bem ter pessoas normais a seu redor», diz Chaitali Shinde. Cercada de amigos, ela está sentada no chão de pedra da sala e corta pepinos e cenouras em tiras. A seu lado, um copo de uísque, que em Mumbai costuma ser servido com água e cubos de gelo. Nesse início de tarde, os racionalistas celebram a reunião como um dia de festa.

Essas ocasiões são especialmente importantes para aqueles ameaçados de isolamento no ambiente tradicional. Nessas reuniões secretas, há quem encontre pela primeira vez na vida pessoas com o mesmo modo de pensar e experimente a sensação de pertencer a uma comunidade. Falam da rejeição familiar, de como escondem suas opiniões no cotidiano e evitam discussões, do fato de não encontrarem um parceiro. Juntos, os Brights tentam suportar a tristeza. A maioria dos membros já foi hindu, alguns foram cristãos, outros, muçulmanos – esses últimos são o que mais risco correm ao sair da comunidade. Na primavera de 2017, um jovem ex--muçulmano foi morto a golpes de facão em plena rua por ter se declarado ateu em público e fundado um grupo no WhatsApp para pessoas que pensavam como ele. Em junho de 2018, um jovem de Nova Déli foi alvo de uma denúncia e ameaças de morte e teve de deixar sua cidade natal por ter postado no Facebook um comentário segundo o qual Alá não poderia impedi-lo de tomar algumas cervejas com os amigos.

Os opositores dos racionalistas espalham medo. A nova geração de descrentes não quer mais se curvar. Em vez de esperar o próximo golpe contra a razão, querem partir para a ofensiva: We the Brights iniciou uma campanha para suprimir o artigo 295A e conta com o apoio de Asim Sarode, advogado especializado em direitos humanos. A lei atual teria sido formulada de maneira muito vaga e poderia ser aplicada praticamente a qualquer piada ou observação irreverente, diz Sarode, num atentado à liberdade de expressão e pensamento. A organização Sanatan Sanstha e outros grupos radicais hindus também fizeram várias denúncias contra o advogado de 45 anos e racionalista declarado, que hoje vive sob proteção policial. Mas os Brights, além da extinção do artigo 295A, também exigem que

Santuário cristão na vila de pescadores de Worli, perto de Mumbai.

> «Pois, se a escuridão não se faz de uma só vez, mas se infiltra gota a gota em meio à sociedade, então talvez ainda haja tempo de detê-la.»

outros artigos semelhantes sejam menos vagos e que o secularismo seja incorporado à Constituição indiana. Desse modo, esperam combater a ascensão de grupos fanáticos de todas as religiões no futuro. «Queremos tratar a raiz do problema. Queremos esclarecer quanto espaço para a liberdade de expressão e pensamento existe na Índia moderna», diz Asim Sarode. Não colaborar com organizações já consolidadas de racionalistas indianos foi uma escolha dele: «Eles acreditam que, no final, conseguirão convencer todo mundo com a desmistificação dos milagres e, assim, acabar com a violência. Eu e a nova geração de racionalistas queremos impor mudanças pelas leis».

Hoje em dia os Brights querem mobilizar celebridades para apoiar publicamente o ateísmo. Arrecadam dinheiro para financiar os processos judiciais. Além disso, registram histórias de pessoas que tiveram problemas por causa do artigo 295A. Um desses casos poderia ser o de Sanal Edamaruku, que ainda vive no exílio na Finlândia. Se os Brights tiverem sucesso, enfim o caça-gurus poderá voltar para a Índia.

Uma atmosfera ameaçadora também transparece nesse encontro. Nessa tarde, enquanto os Brigths falam mal da superstição em plena rua e fazem planos para o futuro, alguém põe a mão no ombro do porta-voz: «Você será o primeiro a ser morto por eles!». Todos riem alto.

Chaitali Shinde parece feliz em meio a seus amigos. Levou a filha ao encontro. A menina de onze anos corre entre os adultos, que riem com descontração. Shinde e os outros racionalistas depositam muita esperança na próxima geração de livres-pensadores. Pois, se a escuridão não se faz de uma só vez, mas se infiltra gota a gota em meio à sociedade, então talvez ainda haja tempo de detê-la. As gerações de racionalistas tentaram fazer isso com debates, educação e alterações na lei. Talvez ainda seja preciso algo diferente para evocar a claridade, diz Chaitali Shinde. Deu à filha o nome de Amour, amor. ✒

À esquerda, um homem reza na entrada de um templo em Manikarnika ghat, principal local das piras funerárias em Varanasi.

Contra as castas

Ofuscada por uma visão idealizada da cultura indiana, a opinião pública global hesita em condenar diretamente o sistema de castas, embora se trate de uma prática racista e discriminatória que inflige injustiças indescritíveis aos que estão na base da pirâmide. Arundhati Roy analisa a situação na Índia, bem como o trabalho de B. R. Ambedkar contra a opressão social representada pelas castas no século XX.

ARUNDHATI ROY

À esquerda: Grupo de brâmanes conduz uma cerimônia religiosa nas escadarias de um dos ghats em Varanasi.

*A*nnihilation of Caste [Extinção das castas] é um texto de quase oitenta anos – um discurso jamais proferido. Quando o li pela primeira vez, senti como se alguém entrasse na sala sombria onde eu me encontrava e escancarasse as janelas. Ler o dr. Bhimrao Ramji Ambedkar – crítico contundente do sistema de castas – preenche uma lacuna entre o que se ensina à maioria dos indianos e a realidade que vivenciamos todos os dias de nossas vidas.

A família de meu pai integrava a seita reformista Brahmo Samajis, mas ele morreu cristão. Só o conheci quando adulta. Cresci com minha mãe, no seio de uma família cristã síria, em Ayemenem, pequeno vilarejo no estado de Kerala, governado pelos comunistas. Não obstante o comunismo, ao meu redor viam-se as fissuras e rachaduras impostas pelas castas. Ayemenem tinha uma igreja *paraiyar* separada, onde padres *paraiyan* – párias – pregavam para uma congregação de «intocáveis». A casta se insinuava nos nomes das pessoas, na forma como as pessoas se referiam umas às outras, no trabalho que faziam, nas roupas que vestiam, nos casamentos que lhes eram arranjados, na língua que falavam. Mesmo assim, nunca encontrei a noção de casta em um livro escolar. Ler Ambedkar me alertou para uma lacuna em nosso universo pedagógico, explicando por que essa lacuna existe e por

que continuará a existir até que a sociedade indiana passe por uma mudança radical e revolucionária.

As revoluções podem começar, e muitas vezes começaram, pela leitura. Se você já ouviu falar de Malala Yousafzai, mas não de Surekha Bhotmange, leia Ambedkar.

Malala contava apenas quinze anos, mas já havia cometido vários crimes. Morava no Vale do Suat, no Paquistão, era blogueira da BBC, aparecera em um vídeo do *New York Times* e frequentava a escola. Malala queria ser médica; seu pai queria que ela fosse política. Era uma criança corajosa. Ela e seu pai fizeram pouco caso quando o Talibã declarou que as escolas não eram destinadas a meninas, e ameaçaram matá-la se ela prosseguisse com suas denúncias. Em 9 de outubro de 2012, um homem a puxou do ônibus escolar e cravou uma bala em sua cabeça. Malala foi levada de avião para a Inglaterra, onde, depois de receber os melhores tratamentos médicos possíveis, sobreviveu. Foi um milagre.

O presidente e o secretário de Estado dos Estados Unidos enviaram mensagens de apoio e solidariedade. Madonna dedicou-lhe uma música. Angelina Jolie escreveu um artigo sobre ela. Malala foi indicada ao prêmio Nobel da Paz e saiu na capa da *Time*. Poucos dias depois da tentativa de assassinato, Gordon Brown, ex-primeiro-ministro britânico e enviado especial da ONU para a educação global, emitiu uma

---

ARUNDHATI ROY — Autora de *O deus das pequenas coisas* (Companhia de Bolso, 2008), vencedor do Booker Prize em 1997, e *O ministério da felicidade absoluta* (Companhia das Letras, 2017), finalista do Booker Prize de 2017. Os dois romances foram traduzidos para mais de quarenta idiomas. Ela escreveu vários livros de não ficção, incluindo *Listening to Grasshoppers* [Escutando gafanhotos], *Walking with the Comrades* [Caminhando com os camaradas], *Capitalism: A Ghost Story* [Capitalismo, uma história de fantasma], *Broken Republic* [República falida], *Things That Can and Cannot Be Said* [Coisas que podem e não podem ser ditas] e, mais recentemente, *Azadi. My Seditious Heart* [Azadi. Meu coração rebelde], coletânea de textos de não ficção publicada em 2019. Roy nasceu em 1959 em Shillong, Índia, e estudou arquitetura em Déli, onde mora.

BRAHMA E AS ORIGENS DO SISTEMA DE CASTAS

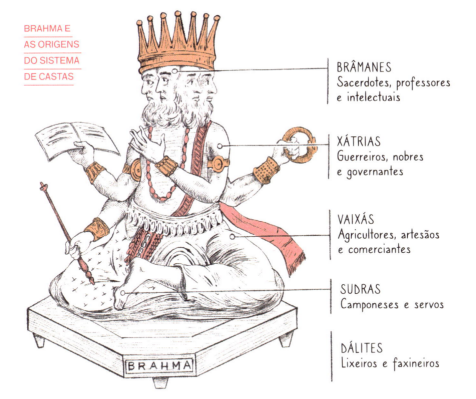

BRÂMANES — Sacerdotes, professores e intelectuais

XÁTRIAS — Guerreiros, nobres e governantes

VAIXÁS — Agricultores, artesãos e comerciantes

SUDRAS — Camponeses e servos

DÁLITES — Lixeiros e faxineiros

O sistema de castas, de origem védica (cerca de 3 mil anos atrás), remonta ao próprio deus da criação: Brahma. Os brahmins (brâmanes) foram extraídos de sua boca; os kshatriyas (xátrias), de seus braços; os vaishyas (vaixás), de seu estômago; e os shudras (sudras), de seus pés. Já os dálites nasceram da poeira que cobria seus pés. Essa descrição cobre as principais divisões de castas – na realidade, existem mais de 3 mil ao todo e um número equivalente de subcastas.

petição intitulada «Eu sou Malala», exigindo que o governo do Paquistão oferecesse educação a todas as meninas. Ataques de drones dos EUA seguem levando adiante a missão feminista de «eliminar» terroristas islâmicos misóginos.

Surekha Bhotmange tinha quarenta anos e também havia cometido vários crimes. Era uma mulher – uma dálite, «intocável» – que vivia na Índia, não em condições de pobreza extrema. Mais instruída que o marido, era a chefe de família. Tinha por herói o dr. Ambedkar. Como ele, sua família havia renunciado ao hinduísmo e se convertera ao budismo. Os filhos de Surekha estudavam. Os dois rapazes, Sudhir e Roshan, faziam faculdade. A garota, Priyanka, tinha dezessete anos e estava terminando o ensino médio. Surekha e o marido compraram uma pequena terra na vila de Khairlanji, no estado de Maharashtra. O terreno era cercado de fazendas cujos proprietários pertenciam a castas que se consideravam superiores à casta *mahar* à qual Surekha pertencia. Como ela era dálite e não tinha o direito de aspirar a uma vida boa, o *panchayat* [conselho] da aldeia não lhe permitia ter acesso a

Contra as castas

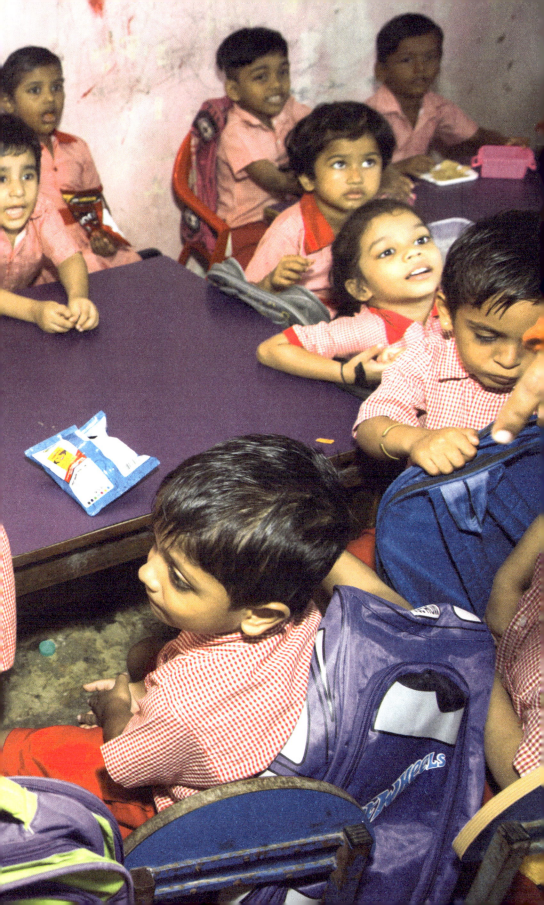

> «'Para os intocáveis', disse Ambedkar, com uma coragem que os intelectuais contemporâneos na Índia poucas vezes demonstram, 'o hinduísmo é uma verdadeira câmara de horrores.'»

uma conexão de eletricidade, nem transformar sua cabana de barro em uma casa de tijolos. Os moradores, por sua vez, proibiram que a família irrigasse a lavoura com a água do canal ou recolhesse água do poço público. A certa altura, decidiram construir uma estrada pública no meio de suas terras, e quando ela protestou eles passaram sobre seus campos com carros de boi, deixando que os animais pastassem em sua plantação.

Ainda assim Surekha não recuou. Acionou a polícia, mas a polícia fez pouco caso. Com o passar dos meses, a tensão na aldeia não parava de aumentar. Como aviso, os moradores atacaram um de seus parentes, que ficou à beira da morte. Surekha registrou nova queixa e dessa vez a polícia realizou algumas prisões, mas os acusados foram soltos sob fiança, quase de imediato. Por volta das seis da tarde do mesmo dia em que foram soltos (29 de setembro de 2006), cerca de setenta aldeões enfurecidos, entre homens e mulheres, apareceram com tratores e cercaram a casa dos Bhotmanges. O marido, Bhaiyalal, que estava na lavoura, ouviu a comoção e correu para casa. Escondido atrás de um arbusto, observou a turba atacar sua família. Partiu às pressas para Dusala, a cidade mais próxima, e, com a ajuda de um parente, conseguiu chamar a polícia (é preciso ter contatos para que a polícia se dê ao trabalho de pelo menos atender ao telefone), que mais uma vez não moveu uma palha. A multidão arrastou Surekha, Priyanka e os dois meninos, um deles parcialmente cego, para fora de casa. Os meninos receberam ordens de estuprar a mãe e a irmã, e como se

recusaram foram castrados e depois linchados. Surekha e Priyanka sofreram estupros coletivos e foram espancadas até a morte. Os corpos foram jogados em um canal das redondezas, onde foram encontrados no dia seguinte.

Num primeiro momento a imprensa noticiou o episódio como um crime relacionado a «questões morais», sugerindo que os moradores se indignaram porque Surekha mantinha um caso extraconjugal com um parente (o homem que havia sido agredido antes). Mas os inúmeros protestos das organizações que lutam pelos direitos dos dálites obrigaram o sistema legal a reconhecer a verdadeira natureza do crime. Investigações independentes, conduzidas por comitês de cidadãos, mostraram como as evidências haviam sido adulteradas e falsificadas. Quando o tribunal de primeira instância finalmente emitiu uma sentença, condenou à morte os principais responsáveis, recusando-se a invocar a lei de prevenção a atrocidades de castas e grupos tribais – o juiz classificou o massacre de Khairlanji como crime motivado por «vingança», afirmando que não havia evidências de estupro, nem indícios de motivações relacionadas à casta. Uma decisão que abranda o arcabouço jurídico em que o crime é apresentado, mas, em seguida, determina uma pena de morte, facilita que um tribunal superior reduza, ou mesmo comute, a sentença. Não é uma prática incomum na Índia. Em todo caso, um tribunal que condena pessoas à morte, por mais hediondo que seja o crime, dificilmente pode ser chamado de justo; mas um tribunal que reconhecesse que o preconceito de casta continua a ser uma realidade horrível na Índia teria contribuído com um gesto exemplar de justiça. Não foi o caso: o juiz preferiu varrer para debaixo do tapete a questão da casta e pronto.

Surekha Bhotmange e seus filhos viviam em uma democracia simpática ao livre mercado. Assim, não houve uma petição das Nações Unidas do tipo «Eu sou Surekha» ao governo indiano, nem decretos ou mensagens de indignação de chefes de Estado. E é até melhor que seja assim, pois não queremos que bombas caiam sobre o país para combater nosso sistema de castas.

«Para os intocáveis», disse Ambedkar, com uma coragem que os intelectuais contemporâneos na Índia poucas vezes demonstram, «o hinduísmo é uma verdadeira câmara de horrores.»

Para uma escritora, ter de se valer de termos como «intocável», «casta registrada», «casta inferior» e, ainda, «outras classes atrasadas» para descrever seres humanos, é como viver em uma câmara de horrores. Mas, como Ambedkar usava a palavra «intocável» com uma raiva fria, e sem vacilar, eu também devo fazê-lo. Hoje o termo «intocável» foi substituído pela palavra marathi «dálite» (pessoa partida, quebrada), que é, por sua vez, usada alternadamente com a expressão «casta registrada». Essa prática, como aponta o estudioso Rupa Viswanath, é incorreta, pois «dálite» inclui intocáveis que se converteram a outras religiões para escapar do estigma de casta (como em minha aldeia os *párias* que se converteram ao cristianismo), ao passo que «casta registrada» não guarda esse sentido. A nomenclatura oficial do preconceito é um labirinto que pode fazer com que tudo se assemelhe às anotações de arquivo de um burocrata intolerante. Para evitar isso, usarei aqui principalmente (embora nem sempre) a palavra «intocável» quando escrevo sobre o passado e «dálite» quando escrevo sobre o presente. Quando me refiro a dálites que se converteram a outras religiões, escrevo especificamente dálites sikhs, dálites muçulmanos ou dálites cristãos.

Voltemos agora ao argumento de Ambedkar sobre a câmara de horrores.

De acordo com o National Crime Records Bureau, a cada dezesseis minutos um crime é cometido contra um dálite por um não dálite; todos os dias mais de quatro mulheres intocáveis são estupradas por tocáveis; toda semana treze dálites são assassinados e seis dálites são sequestrados. Só em 2012, ano marcado pelo estupro coletivo seguido de assassinato de uma estudante de medicina em Déli, 1.574 mulheres dálites foram estupradas (a regra geral é que apenas 10% dos estupros e demais crimes contra dálites são denunciados) e 651 dálites foram mortos. Mas isso cobre apenas estupros e carnificinas. Há ainda episódios em que dálites são forçados a desfilar nus pela rua e a comer fezes (sim, é isso mesmo), em que têm as terras confiscadas, sofrem boicotes sociais ou veem restringido seu acesso à água potável. Essas estatísticas não incluiriam, digamos, Bant Singh, de Punjab, um dálite sikh mazhabi, que em 2005 teve os dois braços e uma perna decepados por ousar abrir um processo contra os homens que estupraram sua filha. Não há estatísticas específicas para os triplamente amputados.

«Se a própria comunidade se opõe a certos direitos fundamentais, nenhuma lei, nenhum parlamento, nenhum judiciário pode garanti-los no verdadeiro sentido da palavra», disse Ambedkar. «Qual é a utilidade dos direitos fundamentais para o negro na América, para os judeus na Alemanha

Páginas 112-113: Sala de aula da escola St. Mary's, destinada a crianças da casta dos intocáveis no distrito de Geeta Nagar, em Mumbai.

e para os intocáveis na Índia? Como disse Burke, ainda não se encontrou nenhum método para punir a multidão.»

Pergunte-se a qualquer policial de aldeia na Índia em que consiste seu trabalho, e ele provavelmente responderá: «Manter a paz». Na maioria das vezes, isso se consegue defendendo o sistema de castas. As aspirações dos dálites são uma violação da paz.

A aniquilação das castas é uma violação da paz.

Outras abominações contemporâneas, como o racismo, o sexismo, o imperialismo econômico, o fundamentalismo religioso e o apartheid, foram política e intelectualmente contestadas em fóruns internacionais. Como é que o sistema de castas na Índia – um dos modos mais brutais de organização social hierárquica que a sociedade humana já conheceu – conseguiu escapar de escrutínio e censura similares? Talvez porque tenha se mesclado ao hinduísmo e, por extensão, a tantas coisas consideradas boas – misticismo, espiritualismo, não violência, tolerância, vegetarianismo, Gandhi, ioga, mochileiros, os Beatles –, de modo que, pelo menos para quem vê de fora, parece impossível desemaranhá-lo e procurar entendê-lo.

Para agravar o problema, as castas – ao contrário, digamos, do apartheid – não se baseiam na cor e, portanto, não são fáceis de identificar. Também à diferença do apartheid, o sistema de castas tem entusiastas em altos postos que argumentam abertamente que ele é uma espécie de cola social que, embora separe, também une pessoas e comunidades de maneiras interessantes e, em geral, positivas. Foi esse sistema, dizem, que deu à sociedade indiana força e flexibilidade para enfrentar os muitos desafios que encontrou ao longo de sua história. Assim, o establishment indiano empalidece diante da ideia de que a discriminação e a violência com base nas castas possam ser comparadas ao racismo ou ao apartheid. Na Conferência Mundial contra o Racismo de 2001, em Durban, esse establishment foi feroz em sua reação aos dálites que tentaram levantar a questão, insistindo que aquele era um «assunto interno». Sacaram teses de famosos sociólogos que argumentavam que a prática da casta não constituía discriminação racial, pois casta não era o mesmo que raça. Ambedkar teria concordado. No entanto, no contexto da conferência de Durban, o argumento dos ativistas dálites era que, embora casta não seja o mesmo que raça, casteísmo e racismo são, de fato, comparáveis: ambos são formas de discriminação focadas na descendência das pessoas. Numa demonstração de solidariedade, em 15 de janeiro de 2014, numa assembleia

«Assim, o establishment indiano empalidece diante da ideia de que a discriminação e a violência com base nas castas possam ser comparadas ao racismo ou ao apartheid. Na Conferência Mundial contra o Racismo de 2001, em Durban, esse establishment foi feroz em sua reação aos dálites que tentaram levantar a questão, insistindo que aquele era um 'assunto interno'.»

pública no Capitólio, em Washington, comemorando o 85º aniversário de nascimento de Martin Luther King Jr., os afro-americanos assinaram uma «Declaração de Empatia», exigindo «o fim da opressão sobre os dálites na Índia».

Nos debates atuais sobre identidade e justiça, crescimento e desenvolvimento, para muitos dos intelectuais indianos mais destacados o sistema de castas é, na melhor das hipóteses, um tópico, um subtítulo, não raro uma nota de rodapé. Ao ajustar a casta a uma análise marxista redutora, a intelectualidade indiana progressista, de inclinação à esquerda, torna ainda mais difícil discernir a presença das castas. Esse apagamento, esse Projeto de Não Ver, é por vezes um ato político consciente, por outras o produto de um lugar de privilégio rarefeito: o indivíduo jamais tropeça na casta, nem mesmo no escuro, e assim acha que o sistema foi erradicado, como a varíola.

As origens das castas ainda serão debatidas pelos antropólogos por muitos anos, mas seus princípios de organização – baseados numa escala hierárquica de direitos e deveres, de pureza e conspurcação – e as formas pelas quais eram, e ainda são, policiadas e fiscalizadas, não são tão difíceis de entender. O topo da pirâmide é considerado puro e desfruta de uma variedade de direitos; a base é vista como impura e não tem direito algum, só deveres – muitos. A matriz impureza-pureza está correlacionada a um elaborado e ancestral sistema de ocupações e atividades. Em «Castes in India: Their Mechanism, Genesis, and Development» [Castas na Índia: seu mecanismo, sua gênese e seu desenvolvimento], artigo que escreveu para um seminário da Universidade de Columbia em 1916, Ambedkar definiu uma casta como uma unidade endogâmica, uma «classe fechada». Em outra ocasião, descreveu o sistema como uma «escala ascendente de reverência e uma escala descendente de desprezo».

O que hoje chamamos de sistema de castas é conhecido nos textos fundadores do hinduísmo como *varnashrama dharma* ou *chaturvarna*: o sistema das quatro *varnas*. As cerca de 4 mil castas e subcastas endogâmicas (*jatis*) da sociedade hindu, cada uma com sua ocupação hereditária específica, são divididas em quatro varnas: *brâmanes* (sacerdotes), *xátrias* (soldados), *vaixás* (comerciantes) e *sudras* (servos). Fora dessas varnas estão as castas avarna, os *ati-shudras*, sub-humanos, organizados em hierarquias próprias – os intocáveis, os invisíveis, aqueles a quem não se deve dirigir a palavra –, cuja presença, cujo toque, cuja própria sombra são considerados poluentes para uma casta privilegiada. Em algumas comunidades, para evitar a consanguinidade, cada casta endogâmica é dividida em *gotras* exogâmicas. A exogamia é, assim, policiada com tanta ferocidade quanto a endogamia – com decapitações e linchamentos que contam com a aprovação dos sábios anciãos da comunidade. Cada região da Índia aperfeiçoou meticulosamente seu próprio cardápio de crueldades, orientando-se por um código oral que é muito pior do que as leis de segregação racial nos Estados Unidos (Jim Crow *laws*). Além de serem forçados a viver em assentamentos segregados, os intocáveis não tinham permissão para usar as estradas públicas que as castas privilegiadas usavam, não podiam beber de poços comuns nem frequentar templos hindus ou escolas de castas superiores, não lhes era permitido

Página 117: Mulher intocável em um templo budista de Mumbai; seguindo um movimento sociopolítico lançado em 1956 por B. R. Ambedkar, muitos intocáveis converteram-se ao budismo.

UMA EPIDEMIA DE SUICIDAS

Menos de 3% dos dálites têm diploma universitário, e não raro mesmo aqueles que fogem das tradições da Índia rural para buscar educação se deparam com a discriminação de casta nos melhores centros acadêmicos. Intimidados, isolados e humilhados por colegas e professores, muitos não suportam o clima de intimidação e – apesar do enorme esforço necessário para conseguir estudar – decidem se suicidar. Nos últimos anos, vários casos importantes abalaram a opinião pública: Jaspreet Singh, estudante de medicina em Chandigarh, Punjab, que se enforcou após ouvir repetidas vezes de seu chefe de departamento que jamais permitiriam que ele se tornasse médico; Rohith Vemula, que se matou depois de ser suspenso da Universidade de Hyderabad devido a seu ativismo na Ambedkar Student Association, deixando uma dura carta de acusação; Payal Tadvi, adivasi e ginecologista recém-formada, de Maharashtra, que era assediada por seus colegas de casta superior e via seu trabalho obstruído no hospital. Na Índia, um estudante por hora se suicida. A questão é cada vez mais alarmante e não se aplica apenas à discriminação de casta. O outro grande problema é o estresse acadêmico e a enorme pressão sobre as universidades. Em 2014, o diretor Abhay Kumar filmou um aclamado documentário, *Placebo*, sobre crises de ansiedade e depressão entre os alunos do All India Institute of Medical Sciences, que tem uma taxa de aceitação de 0,1% – em comparação, entrar em Harvard (7%) ou no MIT (9%) é um passeio. A taxa de suicídio de jovens entre 15 e 29 anos é uma das mais altas do mundo, assim como a de mulheres, que representam cerca de um terço dos suicidas.

cobrir a parte superior do corpo ou usar determinadas roupas e joias. Algumas castas, como os *mahars*, a casta à qual Ambedkar pertencia, tinham de amarrar vassouras na cintura para apagar as próprias pegadas poluídas; outras tinham de pendurar escarradeiras no pescoço para coletar a saliva impura. Além disso, os homens das castas privilegiadas tinham direitos incontestáveis sobre os corpos das mulheres intocáveis. O amor conspurcava, mas o estupro era puro. Em muitas partes da Índia, tudo isso continua até hoje.

O que dizer de uma imaginação, humana ou divina, capaz de conceber tal arranjo social?

Como se o darma do *varnashrama* não bastasse, existe também o peso do *karma*. Em teoria, os nascidos nas castas subordinadas estão sendo punidos por más ações que cometeram em vidas passadas. Em outras palavras, estão cumprindo uma espécie de sentença. Atos de insubordinação podem levar ao agravamento da sentença, o que implicaria outro ciclo como intocável ou sudra. Convém, portanto, se comportar.

«Não é possível haver um sistema de organização social mais degradante do que o sistema de castas», disse Ambedkar. «O sistema estupidifica, paralisa e incapacita as pessoas às atividades úteis.»

O indiano mais famoso do mundo, Mohandas Karamchand Gandhi, o Mahatma Gandhi, contudo, discordava. Gandhi acreditava que o sistema de castas representava o próprio gênio da sociedade indiana. Em discurso numa conferência missionária em Madras, em 1916, ele afirmou: «A vasta organização das castas atendeu não apenas às necessidades religiosas da comunidade, mas também às necessidades políticas. Os aldeões administravam seus assuntos internos por meio do sistema de castas e, também por meio dele, lidavam com toda opressão por parte do

Contra as castas

À esquerda: Um homem da casta, dabbawala prepara uma carga de lunchbox em Mumbai. Todos os dias, os dabbawala entregam cerca de 200 mil refeições nos locais de trabalho.

poder ou dos poderes governantes. Não é possível negar a uma nação que foi capaz de produzir o sistema de castas sua extraordinária capacidade de organização».

Em 1921, no *Navajivan*, seu jornal no idioma guzerate, ele escreveu: «Eu acredito que, se a sociedade hindu tem sido capaz de se manter, é porque está fundada no sistema de castas. [...] Destruir o sistema de castas e adotar o sistema social da Europa Ocidental significa que os hindus terão de abandonar o princípio da ocupação hereditária, que é a alma do sistema de castas. O princípio hereditário é um princípio eterno. Mudá-lo é semear desordem. Um brâmane não me serve de nada se não posso chamá-lo de brâmane por toda a minha vida. O caos se instaurará se todos os dias um brâmane virar sudra, e um sudra, brâmane».

Embora Gandhi admirasse o sistema, ele acreditava que não deveria haver hierarquia entre as castas, que todas deveriam ser consideradas iguais e que as castas avarna, os *ati-shudras*, deveriam ser integradas ao sistema varna. Diante disso, a resposta de Ambedkar era que «o pária é um subproduto do sistema de castas. Haverá párias enquanto houver castas. Nada pode emancipar as castas marginalizadas, exceto a destruição do sistema de castas».

Já se passaram quase setenta anos desde a transferência de poder do governo imperial britânico aos indianos, em agosto de 1947. A casta é hoje coisa do passado? Como o *varnashrama dharma* atua em nossa nova «democracia»?

Muita coisa mudou. A Índia teve um presidente da República dálite e até um presidente da Corte Suprema dálite. A ascensão de partidos políticos dominados por dálites e outras castas subordinadas é uma evolução notável e, de certa forma, revolucionária. Considerando nossa história, ainda que a forma que esse progresso tomou seja a de uma pequena, mas visível, minoria – a liderança – vivendo os sonhos da vasta maioria, a afirmação agressiva do orgulho dálite na arena política só pode ser uma coisa boa. As queixas sobre corrupção e insensibilidade dirigidas a partidos como o Bahujan Samaj Party (BSP) se aplicam aos partidos políticos mais antigos em uma escala ainda maior; contudo, tais acusações assumem um tom mais estridente e ofensivo contra o BSP, pois quem lidera o partido é alguém como Mayawati, que governa Uttar Pradesh há quatro mandatos – uma mulher que é solteira, além de dálite. Quaisquer que sejam as falhas do BSP, sua contribuição para a construção da dignidade dálite é uma tarefa política imensa que nunca deve ser minimizada. A preocupação aqui é que, embora as castas subordinadas estejam se tornando uma força relevante na democracia parlamentar, a própria democracia está sendo minada de modo grave e estrutural.

Após a queda da União Soviética, a Índia, que já esteve na vanguarda do Movimento dos Países Não Alinhados, se reposicionou como «aliada natural» dos Estados Unidos e de Israel. Nos anos 1990, o governo indiano embarcou em um processo de reformas econômicas dramáticas, abrindo ao capital global um mercado anteriormente protegido, rico em recursos naturais, contando com uma infraestrutura nacional e serviços essenciais desenvolvidos com dinheiro público ao longo de cinquenta anos, agora repassados a corporações privadas. Vinte anos depois, apesar de uma taxa espetacular de crescimento do PIB (agora em desaceleração), as novas políticas econômicas levaram à concentração da riqueza nas mãos de uma minoria. Hoje, as cem

Contra as castas

pessoas mais ricas da Índia possuem ativos equivalentes a um quarto desse famoso PIB. Em uma nação de 1,3 bilhão de habitantes, mais de 800 milhões de pessoas vivem com menos de vinte rúpias (24 centavos de dólar) por dia. Na prática, corporações gigantescas governam o país. Políticos e partidos passaram a funcionar como participantes subsidiários das grandes corporações.

Como isso afetou as redes tradicionais das castas? Há quem argumente que a casta isolou a sociedade indiana, salvando-a da fragmentação que se abateu na sociedade ocidental após a Revolução Industrial. Outros argumentam o contrário, afirmando que os níveis de urbanização sem precedentes e a criação de um novo ambiente de trabalho abalaram a velha ordem, tornando as hierarquias de castas irrelevantes, quando não obsoletas. Ambas as alegações merecem consideração. Perdoem-me o interlúdio pouco literário a seguir, mas generalizações não podem substituir os fatos.

Uma recente lista de bilionários publicada pela revista *Forbes* conta com 55 indianos. Os números, é claro, são baseados na riqueza revelada. Mesmo entre esses bilionários, a distribuição se apresenta como uma pirâmide íngreme em que a fortuna acumulada dos dez mais ricos supera a dos demais. Sete desses dez primeiros são vaixás – CEOs de grandes corporações com interesses comerciais em todo o mundo, possuindo e operando portos, minas, campos de petróleo e gás, companhias de navegação, companhias farmacêuticas, redes telefônicas, petroquímicas, fábricas de alumínio, redes de telefonia celular, canais de televisão, redes de comida saudável, escolas, produtoras de cinema, sistemas de armazenamento de células-tronco, redes de fornecimento de energia elétrica e zonas econômicas especiais. São eles: Mukesh Ambani (Reliance Industries Ltd), Lakshmi Mittal (Arcelor Mittal), Dilip Shanghvi (Sun Pharmaceuticals), os irmãos Ruia (Grupo Ruia), K.M. Birla (Grupo Aditya Birla), Savitri Devi Jindal (Grupo O.P. Jindal), Gautam Adani (Grupo Adani) e Sunil Mittal (Bharti Airtel). Dos 45 restantes, dezenove são também vaixás. Os demais são, em sua maioria, pársis, bohras e khattris (todas castas mercantis), e brâmanes. Não há dálites ou adivasis nessa lista.

Além de empreendimentos de grande porte, os baneanes (vaixás) ainda detêm firmemente o pequeno comércio nas cidades, bem como o tradicional empréstimo rural, que mantém presos em uma espiral de dívidas milhões de camponeses e adivasis, incluindo aqueles que vivem nas profundezas das florestas da Índia Central. Desde a «independência», os estados dominados por tribos no nordeste da Índia – Arunachal Pradesh, Manipur, Mizoram, Tripura, Meghalaya, Nagaland e Assam – testemunharam décadas de insurgência, militarização e derramamento de sangue. Em meio a tudo isso, comerciantes marwari e baneanes se estabeleceram por lá, discretos, operando e consolidando seus negócios. Eles agora controlam quase toda a atividade econômica da região.

No censo de 1931 – o último a incluir as castas de origem como um dos aspectos da pesquisa –, os vaixás representavam 2,7% da população (os intocáveis representavam 12,5%). Dado seu acesso a melhores sistemas de saúde e considerando o futuro mais seguro dos filhos, é provável que o número de vaixás tenha diminuído em vez de aumentar. De todo modo, sua influência na nova economia é extraordinária. Nas grandes e pequenas empresas, na agricultura e também na indústria, casta e capitalismo se mesclaram em uma fusão inquietante e peculiarmente indiana. O clientelismo está embutido no sistema de castas.

Os vaixás, contudo, só estão cumprindo seu dever, de acordo com a ordem divina.

O Artaxastra (*c*. 350 a.C.) diz que a usura é um direito dos vaixás. O Código de Manu (*c*. 150 d.C.) vai além e sugere uma escala móvel de taxas de juros: 2% ao mês para os brâmanes, 3% para os xátrias, 4% para outros vaixás e 5% para os sudras. Em uma base anual, o brâmane pagaria 24% de juros; o sudra e o dálite, 60%. Mesmo hoje, é bastante normal que agiotas cobrem de um agricultor desesperado ou de um trabalhador sem terra juros anuais de 60% (ou mais) por um empréstimo. Se não podem pagar em dinheiro, devem pagar os chamados «juros corporais», pelos quais se espera que trabalhem para o agiota de geração em geração a fim de sanar dívidas impossíveis. Nem é preciso dizer que, de acordo com o Código de Manu, ninguém pode ser forçado a servir alguém que pertença a uma casta «inferior».

Os vaixás, portanto, controlam os negócios indianos. E os brâmanes – os *bhudevas* (deuses na terra) –, o que fazem? O censo de 1931 estima que 6,4% da população indiana seja composta de brâmanes, mas, como os vaixás, e por razões semelhantes, é provável que essa porcentagem tenha diminuído. Segundo uma pesquisa do Centro para o Estudo das Sociedades em Desenvolvimento (CSDS), um instituto indiano, o número de brâmanes no parlamento, antes desproporcionalmente alto, teve uma queda drástica. Teriam se tornado menos influentes?

De acordo com Ambedkar, os brâmanes, que em 1948 representavam apenas 3% da população na província de Madras, detinham 37% dos cargos concursados e 43% dos cargos não concursados no serviço público. Não há critério mais confiável de checar essas variações, porque a partir de 1931 o Projeto de Não Ver se estabelece. Na ausência de informações que deveriam estar disponíveis, temos de nos contentar com o que temos. Em «*Brahmin Power*»,

um artigo de 1990, o escritor Khushwant Singh observou: «Os brâmanes não constituem mais do que 3,5% da população de nosso país [...] hoje eles detêm por volta de 70% dos empregos públicos. Suponho que o número se refira apenas a postos nomeados no *Diário Oficial*. Nos escalões superiores do serviço público, a partir do cargo de subsecretários, de um total de quinhentos contam-se 310 brâmanes, ou seja, 63%; dos 26 ministros, dezenove são brâmanes; dos 27 governadores e vice-governadores, treze são brâmanes; dos dezesseis juízes da Suprema Corte, nove são brâmanes; dos 330 juízes de tribunais superiores, 166 são brâmanes; de 140 embaixadores, 58 são brâmanes; do total de 3.300 oficiais do Serviço Administrativo Indiano, o IAS, 2.376 são brâmanes. Eles se saem igualmente bem em cargos eleitorais: dos 508 membros do Lok Sabha, a Câmara Baixa, 190 são brâmanes; de 244 no Rajya Sabha, a Câmara Alta, 89 são brâmanes. Essas estatísticas provam claramente que 3,5% da comunidade brâmane da Índia detém entre 36% e 63% de todos os empregos cobiçados no país. Como isso aconteceu, eu não sei. Mas duvido que se deva inteiramente ao QI superior dos brâmanes».

As estatísticas citadas por Khushwant Singh podem ser inexatas, mas é improvável que estejam completamente erradas. Mas datam, sim, de um quarto de século atrás. Novas informações baseadas no censo ajudariam muito, mas é improvável que venham à luz.

Segundo o instituto CSDS, 47% de todos os juízes da Suprema Corte entre 1950 e 2000 eram brâmanes. Durante o mesmo período, 40% dos juízes associados dos tribunais superiores e inferiores

Página 124: Festa de casamento no Buffet Wilson Gymkhana, na orla marítima da Marine Drive, em Mumbai. Página 125: Homem posa em uma porta em Dharavi, favela de Mumbai.

CONTRA GANDHI

Este artigo é um excerto de «O doutor e o santo», introdução de Arundhati Roy a um livro de B. R. Ambedkar, *Annihilation of Caste* [Extinção das castas], publicado em 2014. Roy celebra a luta de Ambedkar contra a intocabilidade, comparando-o a Gandhi, cuja posição sobre o sistema de castas parece ter sido ambivalente. Na visão idealizada de Gandhi em relação a uma Índia rural primitiva, a casta desempenhava um papel social importante. Embora mais tarde ele tenha abraçado a causa dos intocáveis, sua atitude evocava o paternalismo típico dos reformadores pertencentes a castas privilegiadas, que ofereciam caridade e solidariedade sem de fato desafiar o status quo. Gandhi tinha consciência do poderoso simbolismo do gesto de uma pessoa privilegiada que renuncia ao privilégio, como fazia quando se vestia como um homem pobre, e sabia que isso capturava a imaginação popular. Roy, porém, sustenta que «a luta dos pobres e impotentes é uma luta que envolve exigências, não renúncias», e, quando os intocáveis exigiam direitos, Gandhi não os apoiava, embora usassem *satyagraha*, a arma que ele próprio forjou para resistir aos britânicos. Ele não apoiou, por exemplo, a luta dos dálites para criar suas próprias organizações políticas e eleger representantes, e condenou a greve dos garis. «O fato é que nunca houve grande diferença entre as opiniões de Gandhi sobre o sistema de castas e as opiniões da direita hindu.» Roy vê nisso outra faceta do racismo de Gandhi em relação aos negros durante o ano que passou na África do Sul, quando o ativista lutava pelos direitos dos indianos perante os britânicos, mas queria mais segregação para os negros.

eram brâmanes. A Backward Classes Commission, em um relatório de 2007, disse que 37,17% da burocracia indiana era composta de brâmanes, grande parte dos quais ocupava os cargos mais importantes.

Tradicionalmente, os brâmanes também dominam a mídia. Aqui também ainda tem ressonância o que Ambedkar disse em 1945: «Os intocáveis não têm imprensa. A Imprensa do Congresso está fechada para eles e está decidida a não lhes dar a menor publicidade. Por razões óbvias, eles não podem ter imprensa própria. Nenhum jornal pode sobreviver sem receita publicitária. A receita de publicidade pode vir apenas de empresas, e, na Índia, todas as empresas, as grandes e as pequenas, estão vinculadas ao Congresso e não favorecerão nenhuma organização exterior ao Congresso. A equipe da Associated Press na Índia, que é a principal agência de distribuição de notícias no país, provém inteiramente dos brâmanes de Madras – na verdade, toda a imprensa na Índia está em suas mãos –, e eles, por razões bem conhecidas, são totalmente pró-Congresso e não permitirão que alguma notícia hostil ao Congresso obtenha publicidade. Essas são razões que estão muito além do controle dos intocáveis».

Em 2006, o CSDS realizou uma pesquisa sobre o perfil social da elite que controla a mídia de Nova Déli. Das 315 figuras de destaque de 37 publicações e canais de televisão em hindi e inglês com sede na capital, quase 90% na mídia impressa e 79% na televisão de língua inglesa foram consideradas pertencentes a uma «casta superior». Destas, 49% eram brâmanes. Nenhuma das 315 figuras era dálite ou adivasi; apenas 4% pertenciam a castas designadas como sudra e 3% eram muçulmanos (que constituem 13,4% da população).

Esse é o cenário de jornalistas e «personalidades da mídia». Mas quem são os donos das grandes empresas para as quais

À esquerda: Retrato emoldurado do reformador anticasta Bhimrao Ramji Ambedkar.

essas pessoas trabalham? Dos quatro jornais nacionais de língua inglesa mais importantes, três são propriedade de vaixás; o quarto pertence a uma família brâmane. The Times Group (Bennett, Coleman and Company Ltd), a maior empresa de mídia de massa da Índia, cujas operações incluem *The Times of India* e o canal de notícias 24 horas Times Now, é propriedade da família Jain (baneanes). O *Hindustan Times* é propriedade dos Bhartiya, que são baneanes marwari; o *Indian Express* pertence aos Goenka, também baneanes marwari; o *Hindu* é propriedade de uma família brâmane; o diário *Dainik Jagran Hindi*, o jornal de maior vendagem na Índia, com uma tiragem de 55 milhões, é propriedade da família Gupta, baneanes de Kanpur. *Dainik Bhaskar*, um dos jornais diários hindus mais influentes, com circulação de 17,5 milhões, é propriedade dos Agarwal, também baneanes. *Reliance Industries Ltd* (de propriedade de Mukesh Ambani, baneane de Gujarat) controla 27 grandes canais de TV nacionais e regionais. A rede Zee TV, uma das maiores redes nacionais de notícias e entretenimento, é propriedade de Subhash Chandra, outro baneane. (No sul da Índia, a casta se manifesta de forma um pouco diferente. Por exemplo, o Grupo Eenadu – dono de jornais, da maior cidade cinematográfica do mundo e de uma dúzia de canais de TV, entre outros – é chefiado por Ramoji Rao, natural da casta camponesa kamma, do estado de Andhra Pradesh, contrariando a hegemonia dos brâmanes e baneanes na grande mídia. Outra grande empresa, o grupo Sun TV, é propriedade dos marans, que são designados como casta «atrasada», sendo, no entanto, politicamente poderosos hoje.)

Depois da independência, num esforço para corrigir um erro histórico, o governo

Contra as castas

indiano implementou uma política de cotas (ação afirmativa) em universidades e órgãos estatais para aqueles que pertencem a castas e tribos registradas. A cota é a única oportunidade que essas castas têm de alcançar as classes dominantes. (Obviamente, a política não se aplica a dálites convertidos a outras religiões, que continuam enfrentando discriminação.) Para ser elegível para a política de cotas, o dálite precisa ter concluído o ensino médio. De acordo com dados do governo, 71,3% dos alunos das castas registradas desistem antes de se matricular, o que significa que, mesmo para empregos públicos de baixa renda, a política de cotas só se aplica a um em cada quatro dálites. A qualificação mínima para um emprego de colarinho-branco, por sua vez, é uma pós-graduação. Segundo o censo de 2001, apenas 2,24% da população dálite tem formação universitária. Por mais discreta que seja a porcentagem da população dálite que se beneficiou da política de cotas, essa ação afirmativa deu aos dálites a oportunidade de ingressar nos serviços públicos, de se tornarem médicos, acadêmicos, escritores, juízes, policiais e servidores. Seus números são pequenos, mas as velhas equações sociais se alteram só por haver uma representação dálite nos altos escalões do poder. Tal medida acaba criando situações inimagináveis há poucas décadas: hoje, um escrivão brâmane pode ter como supervisor um dálite. Ainda assim, essa pequena oportunidade que os dálites conquistaram se depara com a hostilidade das castas privilegiadas.

A Comissão Nacional de Castas e Tribos Registradas assinala que nas empresas públicas apenas 8,4% dos oficiais de nível A pertencem às castas registradas, quando o número deveria ser 15%.

O mesmo relatório apresenta estatísticas desconcertantes da representação de dálites e adivasis nos serviços jurídicos da Índia: dos vinte juízes do Tribunal Superior de Déli, nenhum pertence às castas registradas, e em todos os demais cargos o índice é de 1,2%; no Rajastão, os números eram semelhantes; em Gujarat, não havia juízes dálites ou adivasis; em Tâmil Nadu, apesar do legado de movimentos sociais, apenas quatro dos 38 juízes do Tribunal Superior eram dálites; em Kerala, de tradição marxista, dos 25 juízes havia um único dálite. Um estudo sobre a população carcerária provavelmente revelaria uma razão inversa.

O ex-presidente K. R. Narayanan, um dálite, foi ridicularizado pela corporação de magistrados ao sugerir que as castas e tribos registradas – que segundo o censo de 2011 representam 25% da população de 1,3 bilhão da Índia – deveriam encontrar uma representação proporcional de juízes no Supremo Tribunal. «Pessoas elegíveis dessas categorias estão disponíveis, e sua sub-representação ou não representação não seria justificável», disse ele em 1999. «Qualquer cota no Judiciário é uma ameaça à sua independência e ao estado de direito» foi a resposta de um defensor sênior da Suprema Corte. Outro luminar jurídico de alto nível disse: «Cotas de empregos são hoje um assunto controverso. Acredito que a primazia do mérito deve ser mantida».

«Mérito» é a arma predileta de uma elite indiana que dominava o sistema com autorização «divina» e que, por milhares de anos, negou certo tipo de conhecimento às castas subordinadas. Agora que se vê contestada, essa elite protesta apaixonadamente contra a política de cotas em empregos públicos e nas universidades. Partem do princípio de que o «mérito» existe num vácuo social a-histórico e que as vantagens que vêm das redes de contatos entre castas privilegiadas e da hostilidade enraizada na sociedade para com as castas subordinadas não são fatores que mereçam

DISCRIMINAÇÃO POSITIVA

Ambedkar é visto como o pai da Constituição indiana de 1949, a primeira na história do país a introduzir a discriminação positiva, ou ação afirmativa, por meio de um sistema de cotas para as castas mais desfavorecidas, sobretudo dálites e adivasis. Isso significa que grupos historicamente sujeitos à discriminação passaram a ter representação garantida nas universidades, na administração pública e no governo. Na década de 1980, uma comissão parlamentar com o nome de seu presidente, B. P. Mandal, produziu uma definição mais clara do que constituía pobreza, com o objetivo de estender as cotas a outras castas desfavorecidas. A medida entrou em vigor na década seguinte, mas causou ressentimento entre as pessoas de castas mais altas, que queriam que as cotas fossem baseadas em critérios econômicos ou meritocráticos. Em alguns estados, como Tâmil Nadu, as cotas chegavam a 69% dos cargos na administração pública e na educação, e muitos brâmanes recorriam a certidões de nascimento falsas para se passar por dálites. A Suprema Corte posteriormente decidiu que não mais do que 50% dos cargos deveriam ser alocados segundo a política de cotas. No entanto, o sistema permaneceu controverso, e em 2015 protestos ferozes eclodiram em Gujarat, iniciados pela casta dos Patel, comunidade relativamente abastada que queria ser incluída entre os grupos protegidos. Foi assim que, em 2019, o primeiro-ministro Modi atendeu a algumas dessas demandas, prometendo uma parcela de 10% das cotas para as pessoas mais pobres entre as castas mais altas, mudança que reabriu o debate sobre o sistema como um todo.

consideração. «Mérito» tornou-se eufemismo para nepotismo.

Na Universidade Jawaharlal Nehru – considerada um bastião de sociólogos e historiadores progressistas –, apenas 3,29% do corpo docente é dálite; 1,44%, adivasi, enquanto, segundo as cotas, esses números deveriam ser de 15% e 7,5%, respectivamente. Essa é a situação, mesmo depois de se ter supostamente implementado o sistema de cotas há 27 anos. Em 2010, quando o assunto foi levantado, alguns dos professores eméritos afirmaram que a implementação da política «impediria a universidade de continuar a ser um dos principais centros de excelência». Argumentaram que, se as cotas forem implementadas nos cargos de docentes da instituição, «os ricos se mudarão para universidades privadas e estrangeiras, e os desfavorecidos já não poderão obter a educação de nível internacional que a UJN teve o orgulho de lhes oferecer até aqui». B. N. Mallick, professor de ciências biológicas, foi menos contido: «Algumas castas são geneticamente desnutridas e não há muito que se possa fazer para elevá-las; se o fizermos, aniquilaríamos a excelência e o mérito». Ano após ano, estudantes de castas privilegiadas têm feito protestos em massa contra as cotas em toda a Índia.

Essas são as notícias que chegam dos altos escalões da sociedade. Na outra ponta da Nova Índia, o Relatório do Comitê Sachar nos diz que dálites e adivasis permanecem na base da pirâmide econômica, abaixo da comunidade muçulmana, onde sempre estiveram. Sabemos que dálites e adivasis representam a maioria entre milhões de pessoas desalojadas por minas, barragens e outros grandes projetos de infraestrutura. São os trabalhadores agrícolas de remuneração miserável e os peões de contrato temporário que trabalham na indústria de construção urbana. Cerca de 70% dos dálites não têm terra. Em estados como Punjab, Bihar, Haryana e Kerala, o número chega a 90%.

Mas há um departamento governamental em que eles são seis vezes mais representados. Quase 90% de trabalhadores empregados pelo governo da Índia que limpam as ruas, descem por bueiros para a manutenção do sistema de esgoto, limpam banheiros e fazem trabalhos braçais, são dálites. (Mesmo esse setor está prestes a ser privatizado, o que significa que as empresas poderão subcontratar dálites para serviços temporários por salários mais baixos e sem nenhuma garantia.)

Enquanto empregos de zelador em shoppings e escritórios corporativos com banheiros impecáveis que prescindem de «operações manuais» são ocupados por não dálites, há (oficialmente) 1,3 milhão de pessoas, mulheres em sua maioria, que continuam ganhando a vida carregando na cabeça vasos de fezes humanas depois de limpar banheiros tradicionais, sem água corrente. Embora seja contra a lei, a Indian Railways é uma das maiores empregadoras dessas faxineiras. Seus 14,3 mil trens transportam 25 milhões de passageiros por 65 mil quilômetros todos os dias. Os excrementos que saem dali são lançados direto nos trilhos da ferrovia por meio de 172 mil privadas vazadas. Essa merda, que deve somar várias toneladas por dia, é limpa à mão, sem luvas nem nenhum equipamento de proteção, só por dálites. Embora em setembro de 2013 o governo e o Rajya Sabha tenham aprovado uma lei que proíbe essa prática, a India Railways a ignorou. Com o agravamento da pobreza e a escassez dos empregos públicos, são inúmeros os dálites que se veem impelidos a proteger ferozmente contra possíveis intrusos esses cargos públicos «permanentes» de limpadores de merda hereditários.

Há dálites que conseguiram superar essas dificuldades. Suas histórias pessoais são extraordinárias e inspiradoras. Alguns – homens e mulheres – entraram no mundo dos negócios e se uniram para formar sua própria instituição, a Câmara de Comércio e Indústria Dálite, que é elogiada e apadrinhada por grandes empresas, recebendo bastante destaque na televisão e na grande mídia, pois reforça a impressão de que, contanto que todos trabalhem duro, o capitalismo será intrinsecamente igualitário.

Por fim, vale mencionar que já se foi o tempo em que se dizia que um hindu que cruzava os oceanos perdia a casta e se conspurcava. Agora o sistema de castas é exportado. Os hindus o levam para toda parte. Existe entre os tâmeis brutalizados no Sri Lanka e existe entre os imigrantes indianos em ascensão no «mundo livre», tanto na Europa como nos Estados Unidos. Há cerca de dez anos, grupos liderados por dálites no Reino Unido têm feito lobby para que a discriminação de casta seja reconhecida pela lei britânica como uma forma de discriminação racial. Por ora, os lobbies das castas privilegiadas conseguiram barrar a iniciativa.

A democracia não erradicou o sistema de castas. Ela o consolidou e modernizou. Por tudo isso, é hora de ler Ambedkar. (2014) 🖋

À direita: Sassoon Dock, construída em 1875, uma das docas mais antigas de Mumbai, que abriga um dos maiores mercados de peixe da cidade.

Corta pra Suíça!

Dilwale Dulhaniya Le Jayenge, filme de Bollywood de 1995, ambientado parcialmente na Suíça, é projetado no cinema Maratha Mandir em Mumbai.

A Suíça personifica a paixão de Bollywood por locações exóticas, tendência iniciada na década de 1960 e que não deve se extinguir tão cedo, ainda que o público indiano venha repensando o significado de «país estrangeiro», bem como sua autoimagem. E a Suíça segue colhendo os benefícios desse fascínio.

JUHI SAKLANI

133

Em 1962, o produtor, diretor e ator Raj Kapoor, o grande nome do cinema hindi – o termo Bollywood ainda não havia sido cunhado –, preparava seu primeiro filme em cores. Seria um melodrama de alta voltagem romanesca, digno de uma ópera. Tudo estava engatilhado: elenco estelar, trilha sonora talhada para estourar nas rádios, a dispendiosa tecnologia do technicolor. Mas faltava algo para coroar a produção, uma novidade. O que faria dele um filme único? Ocorreu-lhe, então, gravar cenas extensas em paisagens famosas da Europa.

Sangam [Confluência] acabou sendo lançado em 1964, mas não foi o primeiro filme hindi rodado fora da Índia. Produções como *India in Africa* [*Índia na África*, 1939] e *Singapore* [Cingapura, 1960] já haviam pensado nisso, porém esses filmes não foram capazes de capitalizar em cima da novidade. Com *Sangam*, o glamour do «estrangeiro» explodiu nas telas da Índia. Raj Kapoor gastou uma boa meia hora retratando a lua de mel na Europa do casal protagonista, embora as sequências pouco acrescentassem ao enredo: o mocinho e a mocinha namoram nas gôndolas venezianas, fazem compras em Paris, caminham por Roma, andam de trenó na Suíça... Como disse a atriz Vyjayanthimala, anos depois: «Era como um documentário». Um documentário que funcionou: naquele ano, *Sangam* foi o filme mais lucrativo da capital, e grande parte do sucesso foi atribuído ao fascínio pelas locações estrangeiras.

«PAÍSESTRANGEIRO»

A terra estrangeira. Um lugar diferente, cenário de beleza, aventura e descoberta, e às vezes palco para um mergulho interior. Para quem vivia na Índia dos anos 1960, era uma ideia tão vaga, tão onírica que nem sequer era passível de desejo.

Os custos das viagens internacionais estavam fora de cogitação para quem não pertencesse a uma pequena elite urbana de um país baseado numa economia socialista de baixa renda, que só em 1948 se tornara independente do domínio colonial britânico. Na minha infância, na década de 1970, quando as pessoas conversavam em hindi sobre alguém que tinha ido para o exterior (em geral a trabalho) e não lembravam o nome do lugar, eles simplesmente diziam «paísestrangeiro», como se fosse uma palavra só. Ou, simplesmente, «estrangeiro». «Aquele ator foi para o estrangeiro na lua de mel.» «Nosso tio está indo para o estrangeiro trabalhar.» Quando esses tios traziam um presente – um vestido ou um pequeno frasco de perfume –, o mimo era guardado com zelo, anos a fio, usado apenas em ocasiões especiais.

Não surpreende que o enorme sucesso de *Sangam* tenha sido atribuído em grande parte às cenas «estrangeiras». E tampouco espanta que, numa indústria sempre em busca de uma fórmula de sucesso, o filme tenha gerado uma geração de imitadores. A década de 1960 viu uma enxurrada de lançamentos que não apenas exibiam locações estrangeiras, como recebiam títulos que não deixavam dúvida sobre o conteúdo. *Love in Tokyo* [1966], *An Evening in Paris* [1967], *Around the World* [1967], *Night in London* [1967], *Spy in Rome* [1969]: todos filmes que tentavam tirar proveito do glamour internacional em Eastmancolor, tecnologia acessível, adotada havia pouco.

JUHI SAKLANI é escritora e fotógrafa; seus artigos sobre viagens, cinema, vida e cultura contemporâneas na Índia foram publicados nos principais jornais, revistas e sites indianos. Autora dos livros *Gandhi* e *Filmi Escapes*, administra a página FilmShuru no Facebook. Em 2019, ganhou a bolsa **Photosphere** do India Habitat Centre, em Déli.

> **«A terra estrangeira. Um lugar diferente, cenário de beleza, aventura e descoberta, e às vezes palco para um mergulho interior. Para quem vivia na Índia dos anos 1960, era uma ideia tão vaga, tão onírica que nem sequer era passível de desejo.»**

Namoros no exterior se encaixavam à perfeição na nova tendência do cinema hindi naquele momento. Depois de filmes predominantemente em preto e branco, que tentavam refletir a sombria realidade rural ou as lutas de uma população urbana empobrecida, os filmes em cores começavam a representar personagens ocidentalizadas, que falavam inglês, vestiam roupas da moda e tinham carrões esportivos. Viajar para fora e divertir-se combinava bem com esse clima despreocupado.

Os cineastas procuravam criar histórias que justificassem as viagens – mas não se esforçavam muito. Em *An Evening in Paris*, a heroína é uma herdeira rica que, depois de ter o coração partido seguidas vezes na Índia, farta-se dos homens indianos e – sem nenhuma razão lógica que se possa discernir – vai a Paris em busca de seu verdadeiro amor. «Look, look, look, look, an evening in Paris» é o tema musical, destacando a verdadeira motivação do filme. *Love in Tokyo*, por sua vez, leva o herói ao Japão para trazer de volta o filho de seu irmão morto (que se casara com uma japonesa e havia sido rejeitado pela mãe ortodoxa). E dá-lhe sequências românticas em Tóquio ao som de uma famosa canção hindi: «Sayonara Sayonara».

«Around the world with 8 dollars» era a trilha sonora de *Around the World*, primeiro filme indiano gravado em setenta milímetros, que, às voltas com um orçamento apertado e um enredo capenga, consistia basicamente nas viagens do protagonista – um homem rico convidado pelo tio a fazer uma viagem ao redor mundo, mas que por obra de um sujeito ciumento se vê em maus lençóis no Japão, com apenas oito dólares (na época, oito dólares era o máximo que os turistas podiam levar para fora do país). Não obstante, ele insiste em terminar a volta ao mundo. A canção celebrava a «fascinante Los Angeles», «as cores douradas de Roma», «as ondas melodiosas de Veneza», tendo ao fundo imagens rigorosamente aleatórias das cataratas do Niágara, pistas de esqui suíças e fontes coloridas.

Depois de alguns fracassos comerciais, a fórmula foi abandonada. Na década de 1970, as locações estrangeiras passaram a segundo plano e agora os filmes tratavam das estruturas de poder e da frustração política. A figura lendária do momento, o ator Amitabh Bachchan, interpretava heróis enfurecidos que não tinham nem dinheiro nem posição social para viajar para o exterior, tampouco tempo para romances em Paris. Por fim, a reintrodução da locação estrangeira na tela de Bollywood se deu graças ao único homem que pode ser considerado tanto o pilar daquilo que chamamos Bollywood quanto o fundador da febre suíça: Yash Chopra.

AGORA... CORTA PRA SUÍÇA!

Tendo acabado de se encontrar com o amado, com quem ainda não casou segundo as tradições (ou a quem ama secretamente), a heroína se retira para o quarto e fecha os olhos. É o sinal que indica que é hora daquele elemento essencial da Bollywood do século xx: a sequência onírica. Nessas sequências, geralmente os atores corriam em câmera lenta, cantavam uma canção de

> «Um elemento essencial da Bollywood do século xx: a sequência onírica. Nessas sequências, geralmente os atores corriam em câmera lenta, cantavam uma canção de amor, a mocinha vestida com sáris e xales que balançavam na brisa. Com um detalhe: essas cenas sempre aconteciam na Suíça.»

amor, a mocinha vestida com sáris e xales que balançavam na brisa. Com um detalhe: essas cenas sempre aconteciam na Suíça.

Ninguém criava essas cenas melhor do que o diretor-produtor Yash Chopra. Chopra era um colosso de Bollywood; até sua morte, em 2012, havia produzido cinquenta filmes, muitos deles sucessos de bilheteria. Dirigiu películas criticando o conservadorismo social na década de 1960, bem como intensos dramas de ação na década de 1970; no entanto, é mais lembrado pelos filmes que estabeleceram a imagem clássica do romance na Índia – e a Suíça era um ingrediente-chave da receita. Picos cobertos de neve, lagos cintilantes, ovelhas pastando em prados que mais pareciam saídos de uma fantasia pastoral, tudo oferecia repetidamente um pano de fundo para heróis e heroínas que corriam para se abraçar, como se o impulso romântico já não pudesse ser contido, e que explodiam, cantando e dançando para dar plena vazão aos sentimentos. Em 2011, depois de quase três décadas incluindo esse tipo de cena em seus filmes, Chopra foi nomeado embaixador honorário na cidade suíça de Interlaken, onde uma estátua sua foi inaugurada em 2016; seu amado lago, o Lauenensee, perto de Gstaad, onde muitos de seus filmes foram rodados, foi rebatizado, de maneira não oficial, de lago Yash Chopra.

Chopra havia filmado uma cena célebre no Jardim da Europa, perto de Amsterdã,

para o tema musical do filme *Silsila* [Uma série de eventos, 1981], mas, quando sua representação da Suíça em *Chandni* (1989) se tornou um estrepitoso sucesso, ele nunca mais olhou para trás. Em *Chandni*, a heroína homônima, interpretada por Sridevi, fantasia momentos com seu amante nos Alpes. Em *Darr* [Medo, 1993], a protagonista Juhi Chawla, emocionada porque o noivo havia lhe comprado uma casa, abre a porta dos fundos e corre para fora cantando – e está na Suíça! Em *Dil to Paagal Hai* [O coração é louco, 1997], a tímida Madhuri Dixit confessa seus sentimentos em suaves movimentos ao som de uma música romântica nos prados suíços.

Com isso Chopra abriu as portas para turistas e outros cineastas. Em 1996, o crítico de cinema Anupama Chopra brincou: «Tenham pena de Saroj Khan: a melhor coreógrafa de Bollywood acaba de voltar da Suíça – sua sexta viagem em cinco meses. 'Olhar para as montanhas agora é uma tortura!', ela diz».

Na década de 1990, era praticamente inevitável que os roteiros incluíssem a instrução «cortar para a Suíça», e então as equipes de filmagem costumavam se apertar nas locações mais disputadas. Em 2012, um envelhecido Yash Chopra fez seu último filme, *Jab Tak Hai Jaan* [Te amarei até a morte]. Embora tenha sido gravado sobretudo em Londres, o diretor queria que as tomadas com a trilha sonora fossem filmadas em seu país favorito, mas ele morreu

Acima e abaixo: Set de filmagem da novela *Kundali Bhagya* [O destino das nossas estrelas], em um estúdio de Bollywood em Mumbai.

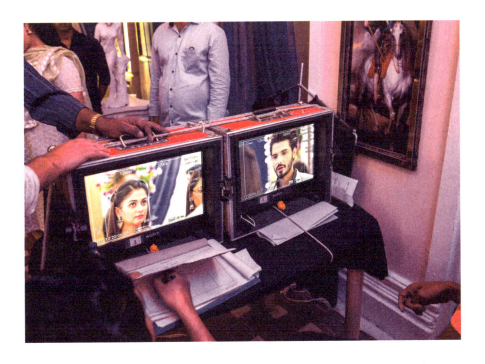

Acima: Set da novela *Kundali Bhagya*.

MÚSICA, MASALA E SUTIL PODER

Com raízes na épica indiana e influências que vão do teatro pársi a musicais de Hollywood e MTV, os filmes de Bollywood têm sido o principal meio de exportação cultural dos últimos vinte anos, um sutil *soft power* que nos faz esquecer os estereótipos de pobreza e subdesenvolvimento da imagem do país, transformando também a imagem que os próprios indianos têm de si. Bollywood produz duas vezes mais filmes que Hollywood, que em 2004 também perdeu para a capital indiana nas bilheterias (ainda que o rendimento indiano seja menor, uma vez que os ingressos são mais baratos). O termo foi cunhado nos anos 1970 para descrever filmes produzidos em hindi, sem incluir as ricas tradições cinematográficas do resto da Índia. Bollywood cobre uma variedade de gêneros, do realismo ao «dacoit», semelhante ao faroeste. Os filmes que vieram a definir Bollywood são os chamados «masala», mistura de comédia romântica, ação e melodrama – do mesmo modo que a masala na culinária do país é uma mistura de diferentes temperos. A música e a dança são elementos essenciais, e a trilha sonora pode ser decisiva para o sucesso da película. São filmados em hindustâni, uma língua derivada do hindi-urdu e falada tanto na Índia quanto no Paquistão, onde a distribuição é estritamente limitada, mas mesmo assim as estrelas do cinema indiano são muito célebres: nos anos 1990, os torcedores paquistaneses de críquete cantaram em homenagem ao ator Madhuri Dixit: «*Madhuri dedo, Kashmir lelo!*» [«Nos dê Madhuri, podem ficar com a Caxemira!»].

antes disso. A equipe decidiu abandonar o número musical. Como disse o herói e galã Shahrukh Khan: «Ninguém queria ir para a Suíça sem Yash Chopra».

O FATOR DIÁSPORA

A década de 1990 marca um período crucial na jornada econômica da Índia moderna. Por quatro décadas após a independência do domínio britânico, o país fora administrado como economia socialista fortemente protegida, com planejamento central. Mas em 1991 a economia sofreu uma guinada liberal, facilitando a entrada de produtos e investimentos estrangeiros e aumentando dramaticamente as oportunidades de ganhos para um grande número de indianos. Com a flexibilização das regulamentações, cinemas multiplex com instalações aprimoradas chegaram às cidades indianas, atraindo um público sofisticado. A internet, a TV via satélite e os telefones celulares contribuíam para uma nova cultura visual, novas aspirações e a sensação de fazer parte de um país com presença global. Uma fatia da classe média emergente cada vez maior passava a ter condições de fazer viagens para fora. Enquanto isso, crescia uma significativa audiência indiana no exterior, ávida por filmes de seu país natal, e os cineastas começaram a perceber seu potencial econômico.

Como resultado, os grandes filmes da década de 1990 eram megaproduções com personagens indianas que viviam e trabalhavam em lugares como Londres, Nova York ou Melbourne, com roupas de grife e estilos de vida glamorosos, ainda que as histórias glorificassem valores sociais conservadores, acenando à nostalgia do indiano expatriado.

Em 1995, o filho de Yash Chopra, Aditya, fez um dos filmes hindi de sucesso mais duradouro: *Dilwale Dulhaniya Le Jayenge* [O bom moço levará a noiva]. O filme

Corta pra Suíça!

permaneceu em exibição diariamente por 25 anos no Maratha Mandir de Mumbai, até que a pandemia de covid-19 forçou o cinema a fechar suas portas em 2020. No filme, a dupla principal, Kajol e Shahrukh Khan, são jovens que moram em Londres. O pai dela, conservador, arranjou seu casamento com o filho de um amigo na Índia. A moça implora de joelhos para que o pai a deixe «viver» um pouquinho antes de casar, ela pede para deixá-la fazer uma excursão pela Europa com amigos. Isso prepara o terreno para o casal se conhecer e se apaixonar, tendo por cenário vários países da Europa – incluindo, claro, a Suíça. (Kajol e Khan talvez sejam o casal mais amado na história do cinema indiano, e pôsteres de ambos em tamanho real podem ser encontrados no restaurante Bollywood, no monte Titlis, na Suíça, onde os turistas indianos tiram selfies obrigatórias com os ídolos.)

O ponto crucial do filme é que o jovem herói segue a heroína até a Índia, mas se recusa a fugir com ela, como inúmeros casais do cinema haviam feito antes. Insiste em conquistar o coração – e o consentimento – do pai da amada. Essa veneração excessiva à família em detrimento da autonomia das mulheres, em nome da honra familiar, era muito celebrada como um dos valores fundamentais, seja pelos indianos urbanizados, seja pelo grande mercado diaspórico, que sentia nostalgia.

No blockbuster *O amor dos pais* (*Kabhi Khushi Kabhie Gham*), de 2001, de Karan Johar, o herói mora em Londres. Em uma cerimônia na escola, seu filho de repente muda seus planos de cantar «Dó-Ré-Mi» e lidera um coro de crianças britânicas entoando o hino nacional indiano. Momentos como esse são de extrema emoção para indianos de todo o mundo, pois revertem uma relação histórica em que, colonizados, eram considerados inferiores pelos europeus. Heróis de sucesso que se destacam no Ocidente despertam um orgulho pessoal no público. (Em *O amor dos pais*, a casa da família do protagonista é o fabuloso palácio rural Waddesdon Manor, no Reino Unido, e o herói não chega em casa de carro, mas de helicóptero.)

5 obras-primas de Bollywood escolhidas por Juhi Saklani

Jaane Bhi Do Yaaro (Quem paga o gaiteiro)
Kundan Shah — 1983

História satírica e comovente que revela a corrupção na alma de uma grande cidade como Bombaim (hoje, Mumbai). Empreiteiros magnatas, autoridades municipais, polícia, mídia, assistentes sociais, todos compõem um sistema vicioso em que as únicas vítimas são os plebeus – personificados pelos dois heróis inocentes e ingênuos. Não obstante, o humor sombrio, os diálogos e a atuação mantêm o público rindo o tempo todo.

Pyaasa (Sede eterna)
Guru Dutt — 1957

Sensível e pobretão, o poeta Vijay descobre que o mundo só cultua o dinheiro. Quando os jornais anunciam sua morte, Gulab, uma prostituta que o ama, sacrifica tudo o que tem para publicar sua obra. Os poemas são um sucesso, e agora todos que zombavam dele o celebram. Com canções e cinematografia excelentes, a crítica ácida do autor/ator Guru Dutt figura rotineiramente nas listas de melhores filmes de todos os tempos.

Maqbool
Vishal Bhardwaj — 2003

O *Macbeth* de Shakespeare é aqui magistralmente adaptado para o contexto da máfia da Mumbai do século XXI, girando em torno de um temido chefão, seu braço direito (Maqbool, o protagonista) e a amante do chefão, que, apaixonada por Maqbool, trama o assassinato do mafioso. Alguns dos melhores atores do cinema hindi são complementados por releituras soberbas, como as bruxas de Macbeth reimaginadas como dois policiais corruptos.

Sholay (Chamas)
Ramesh Sippy — 1975

Incursão de grande sucesso no gênero spaghetti western, o filme mescla criminosos, cavalos e terrenos acidentados com humor, sentimento, música e dança. Dois bandidos corajosos são contratados por um policial aposentado para capturar um malfeitor perigoso. Aos poucos, os dois amigos se veem emocionalmente envolvidos na missão. O filme permaneceu em exibição por cinco anos, e o público sabia de cor os diálogos. O diretor Shekhar Kapoor disse que «a história do cinema indiano pode ser dividida entre antes e depois de *Sholay*».

Gangues de Wasseypur (Partes 1 e 2)
Anurag Kashyap — 2012

Saga típica de vingança, ódio, poder e política que abrange três gerações nos leva para dentro da zona de mineração de Jharkhand – região subdesenvolvida, mas rica em carvão, no norte da Índia. O filme, com 319 minutos, foi exibido na Índia em duas partes. Com personagens fascinantes, a obra gira em torno da pequena política dos vilarejos indianos, das sagas familiares, com violência, humor e uma trilha sonora marcante.

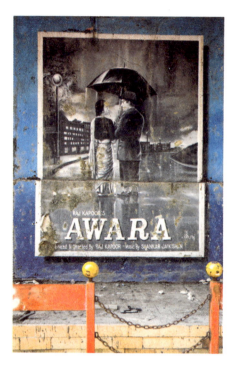

OS TRÊS KHANS

Aamir, Salman e Shah Rukh: três indianos muçulmanos que compartilham o sobrenome Khan, o ano de nascimento (1965) e o título de «Rei de Bollywood», coroa que eles disputam há três décadas. Como os super-heróis da Marvel, os três Khans dominam as bilheterias: estrelaram oito dos dez filmes de Bollywood de maior sucesso. Não falta rivalidade entre eles: Shah Rukh Khan, ou SRK, esteve no topo nos anos 1990 e 2000, apresentando Bollywood ao público ocidental com filmes como *Darr* [Medo, 1993] e *Dilwale Dulhaniya Le Jayenge* [1995]. Já há mais de uma década Aamir Khan desfruta de maior sucesso global: em 2016, *Dangal* foi um dos quinze filmes mais vistos na China de todos os tempos. Por sua vez, Salman Khan, o «Tigre de Bollywood», sempre envolvido em escândalos (inclusive o de caçar no Rajastão uma espécie protegida de antílope), supera seus rivais em termos de público indiano. Em 2014, SRK foi estimado como o segundo ator mais rico do mundo, com uma fortuna de 600 milhões de dólares. Khan é um nome comum em Bollywood. Geralmente se considera como «primeiro Khan» Dilip Kumar (cujo nome verdadeiro é Muhammad Yusuf Khan), uma das maiores estrelas dos anos 1950 e 1960 e um dos primeiros defensores do chamado *method acting*. O título, menos contestado, de «Quarto Khan» em geral vai para Saif Ali Khan, estrela da série *Jogos sagrados* (2018), primeiro grande sucesso da Netflix na Índia, comparada à série americana *Narcos* por abordar temas que Bollywood não pode – ou não quer – confrontar, como sexo, política e religião. Outro candidato ao título era Irrfan Khan, conhecido no Ocidente por papéis em *Quem quer ser um milionário* (2008) e *As aventuras de Pi* (2012), que morreu com apenas 53 anos, em abril de 2020, após ser diagnosticado com um tumor.

À esquerda: Cartazes de filmes célebres em um estúdio de Bollywood em Mumbai. Página 144: Cenário do thriller de ação *Mumbai Saga*, em um café iraniano em Mumbai. O filme trata do desenvolvimento da cidade nas décadas de 1980 e 1990.

Nos anos 2000, uma série de filmes mostrava indianos vivendo no exterior: *O segredo de Aman* (2003) e *Kabhi Alvida Naa Kehna* (2006), Nova York; *Salaam Namaste* [Saudações, 2005], Melbourne; *Namastey London* (2007) e *Cocktail* (2012), Londres; *Amor nos dias de hoje* (2009), Londres e São Francisco, e muitos mais. Os cineastas agora podiam acrescentar mais camadas em suas figurações de terras estrangeiras. Longe de serem espaços idealizados de sonhos e luas de mel, em filmes como *O que o coração deseja* (2001) e *Amor nos dias de hoje*, cidades como Sidney e São Francisco se tornam locais onde a história do herói indiano se desenrola entre sutilezas – uma história de sucesso, sim, mas também triste e solitária.

BOM PARA NEGÓCIOS

Não foi apenas o reconhecimento mútuo que fez as autoridades suíças celebrarem Yash Chopra repetidamente. Graças a seus filmes inovadores, a Índia emergiu como o quarto maior país de origem dos turistas na Suíça. Agências de viagens chegam a oferecer visitas guiadas a locações que aparecem em cenas de Bollywood. O papel de Bollywood como estratégia de promoção do turismo também chegou a outros países – a indústria cinematográfica indiana, afinal, é uma das maiores do mundo: a Índia é o segundo país mais populoso e sua classe média tem demonstrado um apetite voraz por férias no exterior.

Em 2011, *Três amigos na estrada* (2011) foi produzido em colaboração com a agência de promoção turística espanhola Turespaña. O filme cobria as férias de solteiro de três amigos em aventuras pelas praias, cidades e festivais da Espanha. No ano seguinte, 60.444 indianos visitaram o país, quase o dobro do número do ano anterior. Do mesmo modo, os planos espetaculares da Islândia na superprodução *Dilwale* (2015) inseriram o país no mapa imaginativo dos indianos, dando início a um fluxo turístico. O primeiro-ministro de Israel, Benjamin Netanyahu, visitou Mumbai em 2018 e conheceu as principais figuras da indústria em um evento chamado Shalom Bollywood, convidando-os a filmar em Israel.

Turismo à parte, Bollywood é também uma oportunidade de negócios para países menores. Quênia, Portugal, Malta, Jordânia, Romênia e Chipre, entre outros, competem por contratos, chegando a oferecer descontos nos impostos para filmar no país, que aumentam quando se contratam equipes locais; alguns governos se oferecem para coproduzir os filmes.

Para os cineastas, por outro lado, filmar no exterior tem algumas vantagens, algumas até inesperadas: eles ficam livres da notória burocracia indiana envolvendo licenças, papeladas e suborno, bem como das multidões de fãs que precisam ser contidos durante as filmagens. Os produtores dizem que as estrelas se tornam mais dóceis longe de casa, sem amigos e familiares por perto. Além disso, como declarou um executivo da Dharma Productions, uma das principais produtoras de Bollywood: «Às vezes, na Índia, quando você precisa explodir uns carros, faltam rodovias!».

Nesse cenário mais amplo, a Suíça continua a prosperar. Em 2017, as autoridades contrataram o galã de Bollywood Ranveer Singh como embaixador para o turismo na

Corta pra Suíça!

143

144　　THE PASSENGER　　Juhi Saklani

Suíça numa tentativa de atrair jovens para atividades ao ar livre, mais aventurescas. Apostavam em um aumento de até 25% na presença indiana.

E A HISTÓRIA CONTINUA...
Na década de 2010, dois filmes inovadores tiveram sucesso se valendo de locações estrangeiras como parte intrínseca do enredo – com um detalhe: as histórias eram protagonizadas por mulheres. E, ao contrário das primeiras excursões de Bollywood ao exterior, essas heroínas não eram nem muito ricas, nem românticas, tampouco turistas a passeio pelo planeta.

Queen [Rainha, 2013] nos traz Kangana Ranaut como uma jovem garota de Déli que, abandonada no altar por ser pouco sofisticada, se aventura sozinha na lua de mel que havia planejado. E então o velho enredo da lua de mel é completamente subvertido e reinventado à medida que a protagonista, de início assustada e solitária, passa por Paris e Amsterdã e trava amizades, aos poucos ganhando confiança e conhecimento sobre o mundo – e sobre si mesma.

Em *English Vinglish* (2012), Sridevi interpreta uma típica esposa e mãe indiana que, por não falar inglês nem adotar modos suficientemente cosmopolitas, é ridicularizada pela família. Ela vai visitar uma irmã em Nova York e em segredo se matricula num curso de inglês – que já é, em si, um universo multicultural – e dá início a uma jornada em direção à autonomia e ao respeito próprio. Com esse tipo de cinema, pode-se dizer que Bollywood começa a lidar com mais desenvoltura com o «paisestrangeiro», incorporando-o.

O sangue das tulipas

O escritor Mirza Waheed, da Caxemira, explica o que é crescer na região mais militarizada do mundo, espremida entre a Índia e o Paquistão, onde por décadas o desejo de independência em relação à Índia tem sido combatido por meio de uma repressão feroz.

MIRZA WAHEED

À esquerda: Amber Fort,
perto de Jaipur, Rajastão.

Na Caxemira há um jardim de tulipas, um dos maiores do mundo, que se estende por quase trinta acres de socalcos magníficos, circundado pelas colinas de Zabarwan, com vista para o lago Dal, famoso em todas as latitudes.

A cada primavera esse jardim abriga um festival, patrocinado pelo governo, que marca o início da temporada turística, quando visitantes, moradores e por vezes soldados indianos posam para fotos em meio a um mar de flores vermelhas e amarelas. Balões coloridos voam para o céu, conjuntos de música tradicional tocam seus instrumentos de cordas, fotógrafos da imprensa, cansados dos conflitos, registram as paisagens deslumbrantes na esperança de enviar para o mundo imagens de lindas floradas em vez do pacote habitual de fotos de cadáveres jovens e marchas fúnebres.

Todos os anos, reportagens sobre o majestoso jardim de tulipas da Caxemira pipocam na imprensa local e nacional. Enviados especiais escrevem sobre a lufada de ar puro que os jardins oferecem à região, dilacerada por conflitos; equipes de televisão fazem reportagens bem editadas, com vídeos curtos de turistas em busca de selfies, floricultores locais e, claro, políticos sedentos por publicidade.

Leio a mesma reportagem sobre o jardim há pelo menos dez anos e aprendi muita coisa. Existem centenas de milhares de bulbos plantados em terrenos de excelente qualidade, onde as tulipas em geral florescem durante um período de quatro semanas, a partir de meados ou fins de março. O *World Book of Records*, com sede em Londres, incluiu o jardim em suas páginas por sua marca recorde de 1,2 milhão de bulbos em 2017. A World Tulip Summit Society, no Canadá, o considerou um dos cinco melhores jardins de tulipas do mundo. No ano passado, o jardim garantiu outro recorde mundial: o maior número de florescimentos – mais de um milhão de flores, de setenta variedades. Equipes de Bollywood por vezes tomam o local de assalto para filmar sequências com música e dança. Muitos videoclipes são filmados aqui – e por que não?

A população local também participa – alguns buscam um breve interregno no sofrimento, outros esperam uma temporada turística lucrativa. Há os que visitam o jardim com a esperança de que aquelas maravilhas afastem, mesmo que momentaneamente, as memórias de um ente querido que se foi.

Se o inverno se prolonga e a floração se vê ameaçada, recorre-se a estufas de alta tecnologia para ajudar as tulipas a florescer mesmo em condições adversas. O jardim, claro, tem Wi-Fi.

Todos os anos, em todos os jornais e canais de TV, é sempre a mesma história. Não importa o que mais ocorra naquela terra

---

MIRZA WAHEED é escritor e jornalista, nascido na Caxemira e radicado no Reino Unido. É autor de *The Collaborator* [O colaborador], selecionado para o Guardian First Book Award; *The Book of Gold Leaves* [O livro de folhas douradas] e *Tell Her Everything* [Diga tudo a ela]. Todos os seus romances têm como pano de fundo, ao menos em parte, a Caxemira e a permanente hostilidade entre Índia e Paquistão.

> **«Depois da virada do milênio, quando a insurgência diminuiu significativamente, centenas de milhares de caxemires decidiram se manifestar.»**

devastada. A região pode estar afogada em sangue ou sitiada, as ruas desertas, as pessoas encolhidas dentro de casa, preocupadas com a falta de comida e de remédios, mas o festival de tulipas está garantido. As tulipas e a pompa que as acompanha pintam um quadro cor-de-rosa da Caxemira, um raro parêntese alegre e caloroso em um lugar em geral triste, arrasado por conflitos que já duram mais de três décadas.

A longa guerra na Caxemira começou logo após a descolonização do Sul Asiático em 1947. Na época, o estado independente da Caxemira ficou em suspenso, à espera do referendo sob a égide das Nações Unidas que permitiria à população local opinar sobre seu destino, seja para se juntar à Índia ou ao Paquistão. O plebiscito nunca aconteceu, e os dois países já travaram três guerras pela região. Os caxemires, revoltados pelas seguidas traições de Déli, que tentava governar a região por meio de sindicalistas servis, decidiram pegar em armas logo após o *annus horribilis* de 1987, quando uma eleição foi completamente manipulada para evitar que um novo partido, então em alta na Caxemira, conquistasse o poder legislativo. O Paquistão logo ofereceu armas e treinamento aos rebeldes, o que levou ao surgimento, no início da década seguinte, de um vasto movimento armado. Quase da noite para o dia, a Caxemira se transformou num verdadeiro matadouro. O conflito não cessou desde então, com idas e vindas, custando a vida de pelo menos 70 mil pessoas. Depois da virada do milênio, quando a insurgência diminuiu significativamente, centenas de milhares de caxemires decidiram se manifestar. Uma

enxurrada de jovens e velhos, homens e mulheres, tomou as ruas todos os anos. Mas a Índia respondeu da mesma maneira como havia enfrentado a insurreição armada, com inaudita violência: matando, mutilando e cegando centenas de pessoas, incluindo crianças.

* * *

Por muitos anos contemplei as fotos da grande extensão vermelha que se alastra pelos campos verdes que margeiam o lago Dal, área de predileção dos imperadores mogóis no passado e, hoje, de ministros, administradores e espiões. A residência palaciana dos governantes que de tempos em tempos a Índia envia à Caxemira fica nas proximidades, bem como a do primeiro-ministro do Estado e algumas outras vilas e chalés de gente importante.

A linda eflorescência deveria me deixar feliz, talvez até orgulhoso. Chego lá de carro em menos de meia hora da casa dos meus pais em Srinagar, a maior cidade da Caxemira. Talvez fosse o caso de eu me sentir até um pouco patriota, tendo em vista nosso solo fértil e a vegetação resplandecente. Deveria celebrar o jardim, como fazem muitas pessoas. Graças a ele a Caxemira é notícia por motivos mais felizes e coloridos.

Entre tantas estações de carnificina na Caxemira, as notícias positivas são tão escassas que nos sentimos impelidos a pintar a internet de vermelho com nossas tulipas. E, de fato, quando em floração plena, o jardim parece algo de outro mundo, a obra-prima de um colorista que tivesse trabalhado nele a noite toda, a desfraldar um vasto tapete de veludo vermelho por sobre a bacia do vale.

Como a maioria das pessoas, eu também adoro flores e as cultivava quando criança: amores-perfeitos, rosas, lírios e jacintos. E a visão do jardim, sem dúvida, é um afago nos sentidos. Não obstante, sempre que vejo as fotos, também me sinto inquieto, aflito, talvez até culpado.

Em momentos de desespero epistêmico, imagino o sangue dos incontáveis mortos da Caxemira escorrendo de colinas, desfiladeiros, jardins e cemitérios, avançando pelos campos numa exibição incrivelmente bela em direção à zona mais nobre da cidade, onde as elites governantes gostam de viver.

* * *

Numa visita recente, andei pelo jardim e seus esplêndidos arredores. Encontrei-o despojado, sem flores. Talvez porque não fosse a época dos tapetes florais hipnotizantes, notei que um temido centro de tortura, o Papa II, fica ali perto, homenageando a falecida primeira-ministra indiana Indira Gandhi. O prédio foi reformado (e camuflado) alguns anos depois de sua desativação em 1996. Até então, era um lugar onde soldados indianos conectavam fios elétricos aos órgãos genitais de garotos detidos ilegalmente. Muitos desses garotos jamais voltaram de lá, e os que voltaram guardaram sequelas para o resto da vida.

Conflitos Indo-Paquistaneses

1947 Agosto
Fim do domínio britânico. O subcontinente é dividido entre Índia e Paquistão, que por sua vez se divide em Paquistão Oriental e Ocidental. A migração em massa leva à violência entre hindus, muçulmanos e sikhs: morrem centenas de milhares, estabelece-se uma atmosfera de hostilidade que dura décadas. Os dois países reivindicam as regiões de Jammu e Caxemira.

1947-49 Outubro–Janeiro
Após uma invasão de milícias tribais armadas pelo Paquistão, o marajá da Caxemira pede ajuda militar à Índia, em troca da adesão da Caxemira à Índia, em outubro de 1947, antes do plebiscito planejado pela ONU para determinar o futuro da região. A Primeira Guerra Indo-Paquistanesa termina com a Caxemira dividida em dois territórios, demarcados pela Linha de Cessar-Fogo (posteriormente substituída pela Linha de Controle em 1972).

1965 Agosto
Após tentativas por parte de militares paquistaneses no sentido de provocar um levante contra a Índia na Caxemira (Operação Gibraltar), a Segunda Guerra Indo-Paquistanesa estoura. Cinco semanas de hostilidades terminam graças à intervenção das Nações Unidas. Os dois lados assinam um acordo de paz – a Declaração de Tashkent – em janeiro de 1966.

1971 Dezembro
A Terceira Guerra Indo-Paquistanesa é a maior e mais sangrenta das três e ocorre no Paquistão Oriental, onde uma guerra civil é controlada com o apoio do exército indiano. O Paquistão Oriental ganha independência e adota o nome de Bangladesh. Durante o conflito – breve, mas violento –, milhões de paquistaneses orientais refugiam-se na Índia.

A construção, que remonta à era colonial – era uma pousada –, foi transformada em residência oficial no final da década de 1990, quando burocratas locais a exorcizaram (isso mesmo: exorcizaram), muito provavelmente em razão de algum vago resquício moral, ou talvez porque fossem supersticiosos e acreditassem que os fantasmas daqueles que foram supliciados poderiam retornar para uma visitinha. Mais recentemente, o Papa II funcionou como residência oficial do último ex-primeiro-ministro da Caxemira. Como se trata de uma região onde ninguém jamais sofreu um processo por crimes de guerra, não deixa de ser apropriado que um governante encontre segurança e conforto dentro de uma câmara de tortura.

Perguntei a um escritor e jornalista caxemire por que todos os meios de comunicação têm fixação por tulipas e histórias do gênero. Compreendo o impulso jornalístico de cobrir o evento, que de fato merece uma reportagem, mas por que tanta atenção, todos os verões? Não era difícil de entender, ele disse. Os editores às vezes querem dar um tempo no tradicional conteúdo envolvendo morte e devastação e desejam uma história edificante. Enquanto os repórteres seguem despachando reportagens e fotos de tiroteios, massacres, cegamentos, invasões noturnas, tortura, execuções sumárias, casas explodidas por forças indianas, ataques de militantes, assassinatos – porque é nisso que eles precisam se concentrar a vida toda –, os editores,

1974 Maio
A Índia testa com sucesso sua primeira arma nuclear perto da fronteira com o Paquistão (Operação Buda Sorridente).

1989 Julho
Depois das eleições de 1987, cujos resultados são contestados, uma revolta contra a dominação indiana (ainda em curso) irrompe na Caxemira. Parte dos insurgentes busca a independência, outros querem se juntar ao Paquistão, que os apoia. Ao longo dos anos, o movimento perde seu caráter nacionalista e secularista e se torna um movimento de natureza islâmica.

1998 Maio
O Paquistão realiza seis testes nucleares. Depois de criticada pela comunidade internacional, a Índia adota uma política determinando que armas nucleares só são permitidas quando em resposta a um ataque nuclear inicial.

1999 Maio–Julho
A Índia lança ataques aéreos contra forças apoiadas pelo Paquistão que haviam invadido a Caxemira indiana, em um conflito conhecido como Guerra de Cargil. A diplomacia internacional convence o Paquistão a recuar para dentro de suas fronteiras já estabelecidas.

2008 Novembro
Dez paquistaneses associados ao grupo terrorista Lashkar-e-Taiba atacam edifícios em Mumbai, matando 164 pessoas.

2019 Fevereiro
Um ataque suicida na Caxemira indiana perpetrado pelo grupo terrorista Jaish-e-Mohammed mata mais de quarenta paramilitares indianos. Déli responde com ataques aéreos.

já habituados ao sofrimento sem fim da Caxemira, pedem fotos bonitas.

O normal é muito deprimente. A vida tem de continuar. Onde estão as lindas casas flutuantes e as *shikaras*, aqueles barcos típicos cheios de flores? As cores da primavera, a normalidade, a paz, a estação turística – mesmo quando essas coisas não existem ou são tão breves quanto o voo de uma bala – também merecem atenção, não é verdade? E convém ao governo também, tanto ao comando central em Déli quanto a seus representantes na Caxemira. Não vamos insistir para sempre no trágico conflito. O mundo tem de saber que na região existe um jardim tão lindo que as pessoas pagam para ver... Em sua busca beligerante por uma variação nos relatos sobre a Caxemira, o Estado indiano recorre a tudo de que dispõe em seu arsenal para declarar que a paz foi estabelecida. Ano após ano. Mas, como diria Tácito, «eles criam uma devastação e a isso chamam paz».

Pois, enquanto lemos todos os anos sobre o número recorde de tulipas, os ingressos vendidos, a abertura anual do jardim por representantes da elite, os primeiros-ministros e seus convidados de honra, outros números, outros jardins, outras flores pairam sombriamente.

Longe do distrito turístico, higienizado e protegido por militares – com seu belo campo de golfe de dezoito buracos, a terrível casa de tortura e os acampamentos paramilitares –, mais perto das casas das pessoas, na cidade velha, há outro vasto jardim: o Eidgah de Srinagar. É, basicamente, um campo plano, empoeirado, descuidado, sem bilheteria.

Na minha infância, o terreno era um grande espaço aberto para orações, tomado por milhares de fiéis a cada celebração: via-se primeiro um mar de gorros brancos, depois uma onda iridescente de formas prostradas. Contudo, com o início da

UMA LINHA ARBITRÁRIA

A Segunda Guerra Mundial coincidiu com o ápice dos movimentos de independência da Índia, como o liderado por Gandhi; o Reino Unido, endividadíssimo após a guerra, já não tinha recursos para manter o subcontinente sob controle. Assim teve início a descolonização da Índia, processo que, segundo as autoridades britânicas, deveria ter durado cinco anos, mas foi condensado em quatro meses. A divisão do território em duas nações independentes – uma muçulmana (Paquistão Oriental, agora Bangladesh, e Ocidental, agora Paquistão) e outra oficialmente secular, mas com uma maioria hindu (Índia) – precisava ser feita o mais rápido possível. Entra em cena Sir Cyril Radcliffe, advogado londrino recrutado para estabelecer uma linha entre os dois países. Radcliffe, que nunca fora à Índia e tampouco estava familiarizado com a política e a sociedade local, chegou pouco antes de os britânicos partirem. Passou cinco semanas

ocupado com a tarefa. Na Índia, sikhs, hindus, muçulmanos e cristãos sempre viveram lado a lado, o que tornava muito problemática qualquer divisão geográfica que tomasse por base a religião. Mesmo assim, o advogado analisou os distritos de cada estado e «alocou» aqueles de maioria muçulmana no Paquistão e aqueles de maioria hindu na Índia. O que se seguiu foi uma das maiores migrações em massa de todos os tempos, marcada por extrema violência. Ainda hoje, a Linha de Radcliffe é uma presença importante na vida das populações da Índia, do Paquistão e de Bangladesh: seus 3 mil quilômetros delineando a fronteira entre a Índia e o Paquistão são fortemente vigiados – e tão iluminados que chegam a ser visíveis do espaço. A fronteira divide famílias e corta campos, florestas e rios. Também atravessa a rota de peregrinação entre os dois lugares sagrados mais importantes do sikhismo: o Templo Dourado de Amritsar e o Gurdwara Darbar Sahib Kartarpur, em Kartarpur, Paquistão.

guerra em 1989, o campo começou a ser ocupado por nossos mortos. Os caxemires pegaram em armas. Dirigiram-se à parte da Caxemira administrada pelo Paquistão, e lá receberam armamentos. Lembro que gritavam «*Azadi!*», liberdade!, por todas as ruas, todos os dias e todas as noites, exigindo direito à autonomia, uma promessa que o primeiro-ministro da Índia, Jawaharlal Nehru, lhes fizera logo depois que a Índia e o Paquistão se tornaram independentes.

O governo indiano respondeu com uma crueldade comparável aos atos do coronel Reginald Dyer em Jallianwala Bagh, Amritsar. Em 1919, o oficial britânico ordenou que suas tropas abatessem centenas de manifestantes indianos desarmados reunidos no interior de um jardim murado. Na ocasião, milhares morreram, entre civis e militantes. Uma parte do nosso campo de oração logo foi batizada de «cemitério dos mártires». O cemitério se expandiu rapidamente, com o número de lápides de pedra e mármore com dísticos em urdu e persa e, claro, versos do Corão, se multiplicando toda semana. Cultivados com o cuidado e o amor delicado dos que têm o coração partido, os lírios do cemitério (*mazar munje*) prosperaram no solo fértil, e as hastes das rosas se inclinaram às lápides escurecidas.

Em outra parte da cidade, os *sang-tarash*, tradicionais entalhadores, trabalhavam noite adentro com seus cinzéis, gravando elegantes tabuletas memoriais para o novo jardim no meio da cidade. Em meados da década de 1990, abundavam no cemitério recém-construído sucessivas filas de lápides de jovens e velhos, dos que haviam sido mortos pelos soldados, mas também pelos insurgentes. Nascia uma necrópole onde, poucos anos antes, na primavera, voavam pipas.

Os caxemires consideram sagrado esse solo e nele cultivam suas flores. Visitam o local nas festas sagradas, nas sextas-feiras

O sangue das tulipas

VIOLAÇÃO DOS DIREITOS HUMANOS NA CAXEMIRA

(De janeiro de 1989 a novembro de 2019)	
Total de mortes	95.471
Mortes sob custódia do Estado ou da polícia	7.135
Prisões de civis	158.339
Edifícios incendiados ou destruídos	109.450
Mulheres viúvas	22.910
Crianças órfãs	107.780
Mulheres vítimas de estupro coletivo ou molestamento	11.175

FONTE: KASHMIR MEDIA SERVICE

ou sempre que a dor transborda, para oferecer orações e conversar com os parentes mortos. Do lado de fora do cemitério, na parte maior do campo de orações, ainda não entregue aos mortos, as crianças jogam críquete e brincam tal como eu costumava fazer na adolescência, quando não havia sepulturas recentes nem tumbas antigas. Hoje, mais de trinta anos depois que o primeiro corpo baleado foi enterrado, são muitos os túmulos enfeitados de flores. No verão, o cemitério, agora cercado para separá-lo do resto do campo, brilha, todo coberto de branco e rosa.

Em certos dias, ao passar por lá, pode-se discernir uma forma inclinada ou sentada ao lado de uma lápide. No extremo sul do terreno, notei que agora há um espaço de recreação infantil e que, caminhando até o final da estrada adjacente, podem-se ver, um ao lado do outro, o parquinho, com balanços e escorregadores, o cemitério dos mártires, o restante do antigo campo de oração e, por último, uma velha mesquita. Não é sempre que no mesmo lugar se vê uma metáfora tão clara do percurso que vai do berço ao túmulo. Durante as últimas três décadas, jardins-cemitérios de diferentes tamanhos surgiram em outras cidades e vilas no que antes era uma terra edênica, «paraíso na terra», como descreveu Amir Khusro, poeta místico do século XIII. Os caxemires vivos agora mantêm seus mortos por perto, totens mnemônicos de tudo o que se perdeu, mas também lembretes indeléveis de quem fez isso com eles.

O ano de 2018 foi o ano mais violento da Caxemira em mais ou menos uma década. Quase seiscentas pessoas foram mortas, e algumas delas encontraram túmulo no Eidgah. É um ritual que se pratica há mais de trinta anos.

* * *

Mais adiante, em direção ao campo, há jardins e cultivos mais tradicionais, significativos para a geografia e a cultura da região: pomares de maçãs, estendendo-se por muitos hectares, há séculos fonte de sustento e sonhos para muitos. É nas redondezas dessas macieiras, ou no meio delas, que encontramos novos cadáveres. A Caxemira do Sul, onde esses pomares vomitavam mortos já na década de 1990, emergiu recentemente como centro

À direita: Hamid Anwar, de 76 anos, professor universitário em Srinagar, na casa de sua filha durante visita a Déli.

O sangue das tulipas

de uma nova geração de militantes e manifestantes, testemunhando dezenas de encontros entre as forças armadas indianas e os rebeldes da Caxemira nos últimos dois anos.

É desse caldeirão que veio o homem-bomba Adil Dar, autor do terrível ataque a Pulwama, em fevereiro de 2019, que matou 44 soldados da polícia militar indiana. Como escreveu o jornalista Basharat Peer, Dar não emergiu do vácuo. Ele nasceu e se criou no sul da Caxemira com uma dieta marcada por humilhação e indignidade. Se as coisas não mudarem, a Caxemira continuará a produzir jovens com menos medo da morte do que de viver em uma grande prisão a céu aberto.

Aqui, pais se deparam com os corpos de seus filhos adolescentes enquanto cuidam dos feridos nos hospitais; pessoas são transformadas em escudos humanos enquanto soldados indianos buscam militantes nos pomares e matam a tiros meninos que têm apenas pedras nas mãos, gritando slogans quando veem seus amigos militantes cercados; não raro, morre-se meramente por estar nas redondezas. Nos últimos anos, jovens caxemires, homens e mulheres, têm se dirigido a focos de batalha no interior com o intuito de ajudar garotos que aderiram à luta armada contra o domínio indiano. São jovens caxemires comuns, que reconhecem plenamente que fazê-lo é encarar a morte de frente, mas o fazem mesmo assim, pois perderam toda a esperança e todo o medo.

Das onze pessoas mortas em 15 de dezembro de 2018 após um confronto no distrito de Pulwama, a cerca de quarenta quilômetros de Srinagar, sete eram civis, três eram militantes e um era soldado. Uma testemunha ocular disse: «As forças indianas poderiam ter se retirado do local facilmente. Mas atiraram para matar». Entre os mortos estava o estudante Shahnawaz, de doze anos. Seu pai, Muhammad Yusuf, relatou: «A hostilidade havia cessado, e as forças estavam de partida quando meu filho saiu para buscar um balde de água em uma fonte do outro lado da estrada. Havia protestos em aldeias vizinhas. Meu filho voltava quando as forças dispararam contra ele de dentro do veículo... Eu vi ele caído no chão, gritando por socorro. Mataram meu filho na frente dos meus olhos, e eu assisti tudo, impotente».

Eu li e vi entrevistas com pais de garotos massacrados, e todos concluíam com uma nota de desespero e desafio: «Por que não matam todos nós? Queremos que o exército saia. Queremos liberdade».

Menos de uma semana antes do massacre em Pulwama, dois adolescentes militantes, um de catorze e outro de dezessete anos, foram mortos em um confronto nas redondezas de Srinagar. Que catástrofe, que injustiça os dois amigos testemunharam para que trocassem os livros por rifles, sabendo que não durariam muito contra um dos maiores exércitos do mundo?

A lista de mortos multiplicou-se mês a mês, ano a ano, até culminar em 2018, o ano mais letal em uma década. Mas que ano na história recente da Caxemira não foi cheio de mortos?

Eu era adolescente quando começamos a contar os mortos. Agora, com mais de 70 mil, nossa lista de mortes se encontra na segunda e terceira geração. Em certos anos, morrem apenas cem; em outros anos e temporadas, mais de quinhentos. O grande poeta Agha Shahid Ali, natural da Caxemira e radicado nos EUA, escreveu certa vez sobre «a terrível sede de liberdade que inunda a Caxemira...». Essa inundação segue inabalável, e todos doam um pouco de sangue: civis, militantes, policiais, soldados indianos enviados para manter a região sob controle – e o sangue mais precioso de todos: o das crianças. Desde 2010, paramilitares e policiais indianos passaram a usar espingardas de chumbo grosso para dispersar protestos de civis. Essas armas, remontando à era vitoriana e em sua origem projetadas para caçar pássaros em pleno voo, disparam centenas de bolinhas de chumbo, com frequência atingindo as pessoas no rosto e nos olhos.

Todo esse sangue, toda matança e brutalidade que vimos nas últimas décadas se entrelaçam em fios diferentes que puxam a mesma questão existencial que os caxemires sempre se colocam: a questão do futuro. Também se reforça, em termos inequívocos, a imagem da Índia na mente dos caxemires como um agressor armado, uma potência militar invasora.

Eu era menino quando me deparei com um símbolo banal de um dos massacres mais bárbaros da Caxemira: uma pilha de chinelos abandonados numa rua não muito longe de minha casa em Srinagar. As pessoas que os calçavam até a véspera decerto já estavam estendidas em necrotérios e sepulturas. «As balas choveram em todas as direções, e os mortos caíram como maçãs caem das árvores quando estão maduras», lembra o sobrevivente Nazir Baba.

Mais de cinquenta enlutados, incluindo quatro mulheres, foram mortos no massacre de Hawal, em 21 de maio de 1990, quando paramilitares indianos atiraram contra o cortejo fúnebre do chefe espiritual da Caxemira, Mirwaiz Farooq, que fora assassinado por rebeldes no mesmo dia. Um sobrevivente lembra ter visto os paramilitares vasculhando os mortos, arrancando brincos e pingentes dos corpos das mulheres. Era uma época em que testemunhar ou ouvir o tumulto dos massacres era parte integrante de nossa vida.

O que há de inédito agora, no entanto, é a coragem de uma nova geração de caxemires que, desafiando a morte, correm para criar manobras diversionistas, a fim de permitir que o militante escondido, que pode ser um amigo, um vizinho ou parente, consiga

ARTIGO 370

A Caxemira é administrada pela Índia desde 1947, mas ganhou certo nível de independência em 1949 com o estabelecimento do Artigo 370 da Constituição, que garantia status especial para a região – ela contaria com primeiro-ministro, bandeira e assembleia legislativa, enquanto a Índia seguiria controlando as relações exteriores, a defesa e as comunicações. Qualquer lei elaborada no país precisava ser aprovada pela Caxemira antes de entrar em vigor na região. E foi assim até agosto de 2019, quando um decreto presidencial aboliu o Artigo 370 e o governo de Modi lançou uma campanha de repressão militar, prendendo líderes locais e isolando a população por meio de um blecaute nas comunicações e do toque de recolher. O tal artigo restringia o acesso a vagas universitárias e a algumas modalidades de serviço público aos residentes da Caxemira; ao aboli-lo, bem como o Artigo 35A, que determinava que apenas caxemires tinham permissão para possuir terras no estado, Déli abriu o caminho para que cidadãos indianos investissem e se estabelecessem na região. A área administrada pela Índia também foi dividida em dois territórios federais: Jammu e Caxemira, de um lado, e Ladakh, do outro – oficialmente teria sido por razões de segurança e para promover o desenvolvimento econômico, mas na verdade foi uma forma de ampliar o controle central. A Caxemira indiana tem uma população de maioria muçulmana, mas mesmo a população de Jammu, predominantemente hindu e partidária do BJP, se sente traída pelas ações de Modi. A revogação do Artigo 370 soou como uma ameaça a todos os muçulmanos da Índia.

O sangue das tulipas

escapar. Quando eu era menino, o impulso e a regra eram fugir dos locais de conflito, não correr em direção a eles.

Em 2018, a Caxemira testemunhou mais de uma centena de conflitos desse tipo, e o procedimento operacional padrão no caso das forças indianas parece ter sido matar qualquer um que cruzasse seu caminho. Qualquer um. Assim, naquele ano, das mais de quinhentas vítimas, 160 eram civis, incluindo 31 crianças e dezoito mulheres. Também em 2018, centenas foram feridos e pelo menos quarenta foram baleados no olho, incluindo uma bebê de vinte meses, Hiba, cuja visão do olho direito, segundo os médicos, pode nunca mais voltar.

* * *

O que aconteceu em 2018 é ainda mais atroz do que o verão explosivo de 2016, ano dos cegamentos em massa na Caxemira. Após o assassinato de um popular líder militante, mais de mil jovens foram atacados com balas de chumbo grosso, que feriram gravemente os olhos das vítimas, cegando mais de uma centena. São crianças, cegas para o resto da vida, que jamais verão as tulipas.

Longe das florações, os ataques contra caxemires continuam sem controle – é possível que tenham se intensificado – sob o novo regime na Índia. Os generais e espiões em Déli, que praticamente governam a Caxemira para a Índia, chamam de Operação Total as investigações em curso. Nas ruas e nas casas das pessoas, isso se traduz em violência contra civis, batidas noturnas em residências, aplicação de leis draconianas a qualquer um que ouse resistir, destruição – às vezes por meio de incêndios – dos lares de insurgentes ou das casas onde militantes podem ter passado uma noite, detenção de familiares, humilhações e prisões de adolescentes que resistem atirando pedras.

O governo na Caxemira é dirigido por unionistas que se revezam como intermediários com Déli – até serem sumariamente substituídos por algum homem de confiança vindo da capital. Com uma admirável maleabilidade moral, eles trocam de discurso conforme o grupo que ocupa as cadeiras do governo de fachada ou da oposição. Quando no poder, ordenam investigações sobre os assassinatos, as quais quase sempre desaparecem no sumidouro de leis sombrias que garantem imunidade às forças indianas e à polícia; e, quando não estão no poder, divulgam notas de repúdio profundamente tristes e acusam seus adversários de insensibilidade.

No romance *À espera dos bárbaros*, de J. M. Coetzee, o magistrado encarregado do assentamento na fronteira, abalado diante da tortura dos «bárbaros» nômades, observa: «O império não requer que seus servos amem uns aos outros, apenas que cumpram seus deveres». A Caxemira continuará a testemunhar assassinatos, pilhagens e trocas de cargos e acusações. Os ocupantes dos cargos oficiais das «elites» governantes se revezarão para lamentar o sangue derramado por um aparato do qual eles são uma engrenagem pequena, mas essencial – «os dentes do machado», como diz um provérbio da região. Quando o magistrado de Coetzee devolve a seu povo a menina nômade torturada, ele se refere a si mesmo como «um chacal do império em pele de cordeiro».

As novas estatísticas simplesmente vão ampliar a lista de mortes que os caxemires guardam em seus corações. Os números se somarão a pelo menos 8 mil pessoas desaparecidas ao longo dos anos e 7 mil enterradas em túmulos anônimos nas montanhas. Ou àqueles que carregam as cicatrizes profundas da opressão no corpo e na memória. Desde 1989, um em cada seis caxemires pode ter sofrido alguma forma de

tortura – quase uma pessoa por família. Em 2016, no primeiro relatório detalhado sobre a situação da saúde mental na região, os Médicos Sem Fronteiras revelaram que quase 50% da população sofre de alguma forma de transtorno do estresse pós-traumático, o TEPT. Metade da população.

Mas, claro, nós também devemos pensar em quantos turistas visitam seus jardins.

* * *

Quase sempre ignorada pelas potências internacionais que disputam a simpatia do crescente mercado indiano, hoje a Caxemira se vê no centro de uma monstruosa campanha de repressão por parte do Estado indiano. E ninguém está nem aí. Até há pouco tempo, era possível se comover com as vigílias simbólicas em Déli e outros locais em solidariedade aos enlutados da Caxemira, mas agora, talvez pela influência de canais de TV de extrema direita e pelo lobby do exército de trolls, parece que muitos indianos viraram a página em relação ao conflito.

Quando a ONU publicou o primeiro relatório exaustivo sobre abusos contra os direitos humanos na Caxemira, o Estado indiano o considerou falacioso. A mídia em geral e jornalistas influentes, em vez de examinar o relatório e questionar o governo – fazendo o trabalho que se espera deles –,

AS SETE IRMÃS

A Caxemira não é a única região administrada pela Índia afetada por movimentos de independência. Sempre houve um forte sentimento separatista nos sete estados do extremo nordeste, as chamadas sete irmãs: Arunachal Pradesh, Assam, Manipur, Meghalaya, Mizoram, Nagaland e Tripura. A área se conecta ao resto do país apenas pelo estreito Corredor de Siliguri, uma faixa de terra entre o Nepal e Bangladesh, e abriga populações tribais, algumas delas em permanente conflito com o Estado indiano desde sempre. Os nagas, por exemplo, lutaram pela independência e para que sua tribo se mantivesse unida em uma única nação, e não espalhada por Manipur, Assam e Arunachal Pradesh. Essa luta resultou na criação de Nagaland em 1963. No entanto, sempre que um grupo naga assinava um acordo com o governo central, como no caso do cessar-fogo de 1975, antigos e novos grupos separatistas seguiam com suas atividades de guerrilha em busca de total independência, recusando o estabelecimento de um território compartilhado com outros nagas. No estado multiétnico de Manipur a situação é mais complexa: vários grupos tribais, incluindo kukis, meiteis, nagas e pangals, lutam por autonomia e pelo reconhecimento de sua cultura particular. A Índia respondeu à ameaça separatista com punhos de aço, aplicando a polêmica Lei de Poderes Especiais das Forças Armadas (AFSPA), que concede imunidade ao exército indiano. Em protesto contra os muitos massacres em Manipur, cujos responsáveis nunca foram levados à justiça, a ativista Irom Sharmila empreendeu a mais longa greve de fome já registrada, de 2000 a 2016, tornando-se a figura de proa da oposição à AFSPA.

decidiram ignorar o documento ou, melhor ainda, descartá-lo como infundado. Mas se tratava de uma investigação exaustiva e bem fundamentada que descrevia a violência num nível endêmico.

O que tudo isso significa? Uma suspensão quase total das normas jurídicas e morais no que diz respeito à Caxemira. Tamanha tem sido a crueldade das operações recentes da Índia que mesmo as histórias mais terríveis são logo deixadas de lado. No outono de 2019, um jovem fabricante de bolsas de Srinagar foi morto a tiros ao sair de casa para averiguar um barulho estranho. Quando moradores indignados foram às ruas, primeiro em protesto e, depois, para acompanhar o cortejo fúnebre, os paramilitares indianos e a polícia os atacaram com gás lacrimogêneo e, de novo, chumbo grosso. Um vizinho do jovem, desolado por não poder prantear o amigo, rasgou a própria camisa e uivou no meio da rua, implorando às forças armadas para que o matassem também.

Em 2017, em outro exemplo de como o Estado indiano se distanciou das normas democráticas básicas e do estado de direito, o chefe do exército premiou com uma medalha de honra um major torturador que amarrou um tecelão da Caxemira à frente de uma caminhonete e desfilou com seu corpo por seis horas seguidas. Algo terrível se deflagrou no coração do novo Estado indiano. Edward Said escreveu sobre a «brutalidade intransigente contra a última leva de 'nativos'» e sobre as «polarizações redutoras» que acometem os conflitos no mundo moderno. Said também enfatizou a urgência do humanismo, hoje fora de moda entre as elites pós-modernas. Enquanto reafirmava sua defesa da autodeterminação palestina, insistia que ela se expressasse de modo bem diferente da «hostilidade mútua» que tem prevalecido no Oriente Médio e em outros lugares. Na Índia, devido a um aumento assustador da popularidade da direita e a uma indiferença da classe média, a dignidade básica que se deve a um povo oprimido, na Caxemira e em outros lugares, foi significativamente erodida, se é que não desapareceu de todo. A hostilidade agora parece ser absoluta, intransponível e, para quem a sofre, insuportável.

* * *

Em 5 de agosto de 2019, a Índia pôs fim à autonomia da Caxemira, revogando unilateralmente o Artigo 370 da Constituição, que garantia o status especial da região dentro da federação indiana, à espera de uma resolução final para um dos conflitos mais antigos do mundo.

Desde então, quase 8 milhões de caxemires vivem sob uma pesada repressão imposta pelo governo central. A região se viu isolada do resto do mundo semanas a fio – o Estado cortou internet, celulares e até telefones fixos. As pessoas não tinham permissão para se reunir, muito menos protestar; escolas e escritórios foram fechados; os serviços de saúde se deterioraram drasticamente, pois os pacientes não podiam procurar os médicos ou pedir ambulâncias; a notícia da morte de um parente chegava aos familiares dias depois dos funerais. Enquanto isso, milhares de pessoas comuns, incluindo políticos de todos os matizes, ativistas, advogados, líderes empresariais – em suma, qualquer pessoa com um mínimo de influência – e, mais preocupante, crianças de apenas nove anos de idade, foram jogadas na prisão.

A BBC e o *New York Times,* junto com comissões de ativistas indianos, encontraram provas de tortura; negação da justiça, uma vez que os tribunais continuavam inativos, e uma suspensão geral sem precedentes das liberdades civis básicas. Embora, depois de quase dois meses, alguns serviços de telefonia móvel tivessem sido restaurados, o fornecimento de internet esteve restrito ao 2g, e as mensagens de texto estiveram proibidas. Escolas e empresas seguiam fechadas. Os caxemires, por sua vez, encamparam um movimento silencioso de desobediência civil, recusando-se a participar da narrativa de normalidade que o Estado indiano tentava fabricar. Uma reportagem da BBC mostrou que a economia da Caxemira sofreu perdas de mais de 1 bilhão de dólares desde agosto de 2019. De acordo com todos os relatos – inclusive conversas minhas com parentes de lá –, tratou-se de um cerco como nenhum outro: um cerco medieval de bloqueio e encarceramento em massa, e um cerco moderno, tecnológico, em que as pessoas são privadas de suas vozes, com ferramentas básicas de comunicação analógica e digital suspensas.

Em 2019, o trigésimo ano de conflitos na Caxemira, vimos mais um carnaval de sangue: pais implorando aos filhos militantes que voltassem para casa – ou um pai contemplando o rosto do filho morto, um adolescente que talvez nem sequer compreendesse o poder do país contra o qual decidiu se levantar.

Mas, acima de tudo, vimos a Índia se lançar sobre o povo da Caxemira com uma ira punitiva que remonta aos tempos mais sombrios, ao início da década de 1990, quando as forças armadas indianas perpetraram sucessivos massacres, incendiando localidades inteiras, matando, estuprando, prendendo e torturando centenas. Os parentes dos mortos, em um silêncio atordoado ou em desespero ante corpos despedaçados, criam memoriais reais e imaginários, aos quais se apegam. Conservam quartos e memorabilia, depositam flores em túmulos frescos.

Isso tudo, junto, desenha um arco eterno de tristeza e desolação: cada bala, cada morte, cada grito, ao longo de anos e décadas

de um sofrimento solitário. Há anos, muitas décadas (com sinceras desculpas a Agha Shahid), a morte «transformou todos os dias na Caxemira na *karbala* (ritual muçulmano de autoflagelação) de alguma família». Hoje a Caxemira é, mais do que nunca, uma *karbala*. Em sua dor, em sua vasta tragédia e em seu desafio resoluto, ainda que solitário. Mesmo quando as casas são incendiadas ou as crianças são massacradas ou têm a visão roubada, a Caxemira persiste.

Vamos cultivar nossas flores, as tulipas e os lírios de cemitério, vamos deixar nossas casas flutuantes sempre bonitas, vamos decorar nossas pousadas à beira do lago ou nas colinas, vamos preparar nosso típico *wazwan*, com carneiro, frango e batata, faremos exames, publicaremos jornais, escreveremos poesia e instituiremos regras, conduziremos nossos negócios e nos elevaremos em um ciclo de esperança e desespero... Porque aquela criança tem de ter seu *batte*, sua comida, temos de ter a esperança de que ela viverá para ver um novo amanhecer, mas com medo de que ela também se integre a essa corrente de sangue.

Enquanto escrevo, a Caxemira emerge das garras de um longo inverno himalaico, estação em que os caxemires tentam apaziguar suas cicatrizes – novas e antigas – com um pouco de calor e humor sombrio. Na primavera, dão início a um novo ano em sua longa luta por dignidade e liberdade, na esperança de que o mundo enfim lhes dê atenção, como faz com a beleza superlativa de sua pátria.

Quanto a mim, voltarei para casa mais uma vez e espero ver as lindas flores, sabendo, contudo, que há um rio sombrio que corre subterraneamente. 🖋

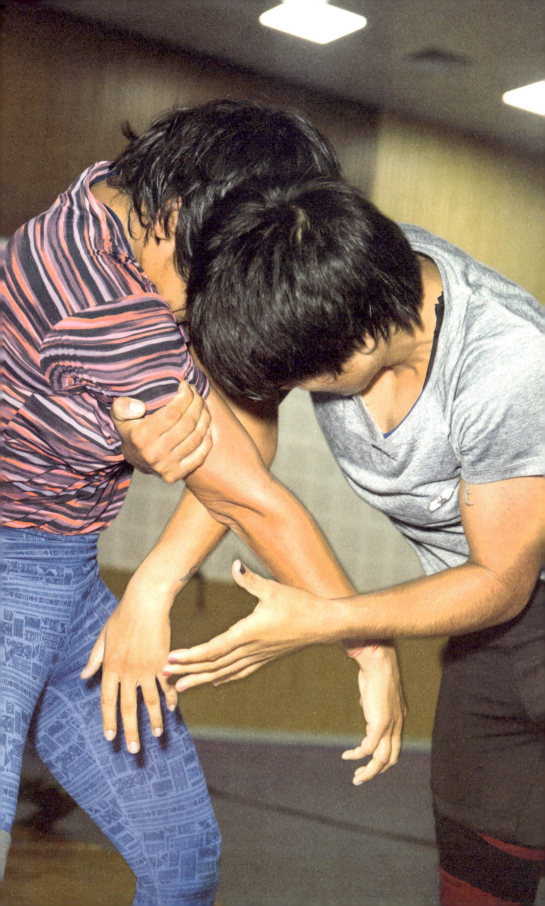

No ringue com a mulher mais poderosa da Índia

Na Índia, o wrestling sempre foi um esporte masculino, até que Vinesh Phogat e suas primas entraram em cena. Agora ela ganha mais do que seus colegas do sexo oposto e sonha com o ouro olímpico.

SONIA FALEIRO

À esquerda: Duas atletas praticando wrestling no Ginásio Sir Chhotu Ram, em Rohtak, Haryana.

Numa noite fria de janeiro de 2019, milhares de pessoas devidamente agasalhadas com suéteres e cachecóis tomaram assento em um estádio nos arredores de Déli para a última rodada da Liga de Wrestling Profissional (PWL, na sigla em inglês) da Índia. A PWL está para o wrestling como a Premier League indiana para o críquete, reunindo atletas do mundo todo, com holofotes e muito, mas muito dinheiro. Naquela noite, entre todas as estrelas do esporte (também conhecido por luta olímpica ou luta livre), uma brilhava mais intensamente. Às oito, a voz do locutor ecoou pelo sistema de alto-falantes, animando o público para a última luta. As atletas já esperavam nos bastidores quando ele gritou o nome mais esperado: «Viiiiinesh Phoooooogaaaaat!!!». Vinesh Phogat, moça pequenina então com 24 anos, traços delicados, dentes perfeitos e músculos redondos e robustos como laranjas frescas, surgiu no túnel envergando uma capa vermelha e se dirigiu ao tatame.

Phogat é uma das maiores lutadoras de wrestling do mundo. Recebeu sua primeira medalha de ouro nos Jogos da Commonwealth em 2014, repetindo o feito em 2018. Quatro meses depois tornou-se a primeira mulher indiana a ganhar o ouro nos Jogos Asiáticos. Phogat vem de uma família de lutadores e lutadoras: duas de suas primas conquistaram medalhas de ouro na Commonwealth; seu marido, Somvir Rathee, também é lutador profissional.

Mas, enquanto as primas decaíram com a fama ou infortúnios, Phogat segue sua escalada rumo ao ápice do esporte.

No wrestling, os pontos são obtidos imobilizando-se o oponente no tatame. Nas três lutas que Phogat havia travado pela liga em 2019, ela havia perdido apenas três pontos, marcando 28. Naquela noite, portanto, sua oponente, a indiana Seema, era o azarão. As lutadoras se posicionaram, agachando-se com os braços entrelaçados, as testas se tocando. Por vários segundos permaneceram como que travadas nessa posição, aguardando no equilíbrio da adversária um deslize que oferecesse uma oportunidade de ataque. Então, de repente Phogat puxou os braços de Seema, que se desequilibrou; a favorita investiu contra ela como um guepardo avança sobre uma gazela cambaleante.

No tatame, o guepardo se fez jiboia. Phogat envolveu a oponente com braços e pernas, imobilizando-a e espremendo-a. Uma posição aparentemente vulnerável pode ser revertida com uma onda repentina de energia. Como Seema tentava puxá-la para o chão, Phogat esgueirou-se sob os braços estendidos da oponente para agarrá-la pela cintura. Dobrando os joelhos para se valer de seu peso, Phogat rolou para trás, lançando Seema por cima do ombro. Na plateia, dignitários corpulentos em turbantes laranja comentavam o espetáculo, sentamos em confortáveis poltronas de couro branco. Em pouco tempo Phogat vencia por 6 a 0.

SONIA FALEIRO é jornalista e escritora, autora de *The Good Girls: An Ordinary Killing* [As boas meninas: assassinatos banais], que investiga o enforcamento de duas adolescentes em um vilarejo na Índia. Seu livro anterior, *Beautiful Thing: Inside the Secret World of Bombay's Dance Bars* [Coisa linda: por dentro do mundo secreto das boates de Bombaim], foi eleito livro do ano (2011) pelos jornais *The Guardian*, *The Observer* e *The Sunday Times*, e pelas revistas *The Economist* e *Time Out*. O *Guardian* considerou seu último livro, *13 Men* (2015), «fundamental para o esforço de mudar a atitude, na Índia e no mundo todo, em relação ao feminicídio». Ela mora em Londres.

«Quando não está no tatame, Phogat pode ser encantadora. Nos treinos ou nas lutas, porém, ela é fria e seca, irritando-se ao menor sinal de desrespeito.»

O sucesso de Phogat faz dela um caso raro por dois motivos. O wrestling é muito popular na Índia – milhões de pessoas assistem as lutas ao vivo pela TV, em sua grande maioria disputadas por homens. A mulher indiana ganha em média menos de 200 rúpias (2,40 dólares) por hora. Na PWL, Phogat, como estrela do wrestling – e uma das poucas expoentes femininas no esporte –, faturou cerca de 35 mil dólares por cinco lutas, cada uma com seis minutos de duração. Apenas um lutador masculino ganhou mais do que isso. Em 2018, os ganhos totais da atleta somaram cerca de 500 mil dólares.

Finda a luta, Phogat se dirige ao banco de reservas e desaba no chão, exaurida. Cobre o rosto com o moletom enquanto seu marido e a fisioterapeuta Rucha Kashalkar a observam apreensivos. Quando não está no tatame, Phogat pode ser encantadora, dona de um talento especial para fazer com que qualquer um que lhe seja apresentado se sinta a pessoa mais importante do mundo. Nos treinos ou nas lutas, porém, ela é fria e seca, irritando-se ao menor sinal de desrespeito.

Enquanto relaxa, os fãs se aproximam devagar, inclinando-se para selfies. Phogat os ignora, até que um sujeito arrogante, com uma pança enorme, avança com a filha pequena: «Autógrafo!», ele grita. «Uma foto, uma foto!» Então a menina grita: «Vinesh!».

O pai corrige a filha com delicadeza, dizendo-lhe para se dirigir a Phogat como «tia». «Tia» é um tratamento comum, mas carrega certa ambiguidade. Crianças indianas o empregam quando conversam com as mães dos amigos ou com as amigas de suas mães. Mas também pode significar que alguém é antiquado ou conservador – se usado para se dirigir a uma mulher famosa ou bem-sucedida que não conhecemos pessoalmente, soa condescendente, como se o falante pudesse tomar certas liberdades só porque está falando com uma mulher.

Phogat ergue os olhos. «Tia?», repete. Seus olhos têm um brilho felino e seu sorriso é caloroso, mas a voz soa rouca e grave. Ela é natural do estado agrícola de Haryana, no norte da Índia, onde o dialeto é constituído de frases curtas e declarativas que são disparadas como projéteis. «Bem, você agora é uma mulher casada», o homem diz rindo. «Então se acostume a ser chamada de tia.»

«Esse país tem cada uma», murmura Phogat, afastando-se. Mesmo ali, relaxando, pálida de exaustão, o cabelo emaranhado de suor e a boca aberta, ela parece, não obstante, decidida e impenetrável. Phogat não é tia de ninguém.

Phogat nasceu em Balali, a quatro horas de carro de Déli. Em uma manhã de janeiro de 2019, fui até a vila conhecer sua mãe, Premlata Singh, que mora lá até hoje. Singh, de 52 anos, leva uma vida bem diferente da de seus vizinhos. Balali é uma aldeia típica da região, composta de uma série ordenada de casas com paredes de barro e telhados de zinco sobre os quais os moradores, para ganhar espaço no interior, armazenam comida para os animais, bicicletas inutilizáveis e outros utensílios domésticos. A eletricidade é intermitente, e a principal fonte de combustível é o esterco de búfalo, cujo cheiro se difunde no ar junto com os assobios e chilreios dos abibes-ruivos. Mulheres com o rosto coberto por véu se ocupam de uma série de tarefas domésticas, e os homens, com seus bigodes meticulosamente enrolados, descansam em *charpoys*, discutindo política e fumando narguilés. «Eles acham que ser visto trabalhando é desonroso», zombou uma mulher da aldeia, equilibrando um cesto de esterco na cabeça. «Cuidamos das crianças, cozinhamos, tiramos leite, lavamos os búfalos e ajudamos na colheita. Trabalhamos, mas são eles que controlam o dinheiro.»

Mais para o interior do vilarejo, atrás de portões altos uma mansão brilha como uma pedra da Lua; na entrada, vê-se uma SUV vermelha; um pastor-alsaciano, símbolo de status na região, patrulha a residência. Phogat construiu a casa para a mãe, um sonho bollywoodiano que virou realidade. Dentro, a grande sala de estar é decorada com móveis de madeira e vitrines repletas dos troféus reluzentes de Phogat. Uma escadaria de mármore leva a um labirinto de quartos com varandas que dão para vistas deslumbrantes.

Premlata Singh, sentada em um *charpoy* no pátio de concreto, veste um *salwar kameez*, calça chinelos e exibe uma argola de ouro no nariz. Salvo os olhos penetrantes que cintilam num rosto arredondado, não há praticamente nenhuma semelhança entre ela e a filha valente. Singh não é lutadora, não tem educação formal, e quando Phogat nasceu ela nem sequer ficou feliz em conhecê-la.

Singh foi criada acreditando que meninas só davam prejuízo – incluindo o dote à família do marido, a quem depois se dedicavam por completo. Um de seus dois filhos morreu poucos dias depois de nascer. Ela rezou para ter outro, mas acabou tendo duas filhas, a segunda delas, Phogat. «Eu pensei: duas meninas, que despesa! Era o que eu pensava na época, como todo

À direita: Atleta no Ginásio Sir Chhotu Ram, sob uma foto da campeã olímpica Sakshi Malik, ex-aluna da escola que levou a medalha de bronze nos Jogos do Rio de Janeiro de 2016.

mundo.» Ainda criança Phogat intuía sua posição subalterna na hierarquia. «*Galti hoon main, galti!*», ela gritava em frustração: «Um erro, eu sou um erro!».

O estado de Haryana é especialmente conservador, mesmo para os padrões da Índia rural. A Índia como um todo tem uma proporção de gênero desequilibrada, pois os meninos são tão valorizados que muitos fetos femininos são abortados. Mas em Haryana a proporção é particularmente desigual: nascem 831 meninas para cada 1.000 meninos, em comparação com a taxa nacional (940 para 1.000). As meninas recebem em geral menos alimento que os meninos. «Se sua búfala der um único copo de leite», diz-se, «dê ao menino. A menina beberá água.» Mas Singh se destaca por ter se livrado dessas ideias, a despeito de sua educação.

Quando Phogat tinha oito anos, seu pai, Rajpal, motorista de ônibus, foi morto a tiros por um parente depois de uma discussão. Que viúvas hindus vivessem sozinhas não era coisa de que se ouvisse falar, e muitas acabavam casando com o cunhado. Mas Singh declinou da oferta do irmão de Rajpal: «Não, obrigada», ela disse. «Eu mesma cuidarei dos meus filhos». Premlata joga a cabeça para trás e ri, lembrando dessa época, e nesse momento se vislumbra a semelhança com a filha, na expressão de Vinesh ao comemorar a vitória sobre uma oponente. A decisão de Singh provocou uma comoção. Membros da família que moravam em vilas distantes foram convocados para convencê-la a voltar atrás. Pouco antes ela fora diagnosticada com um câncer de útero e não teria como sobreviver sem ajuda, lhe diziam. Mas ela sobreviveu:

No ringue com a mulher mais poderosa da Índia

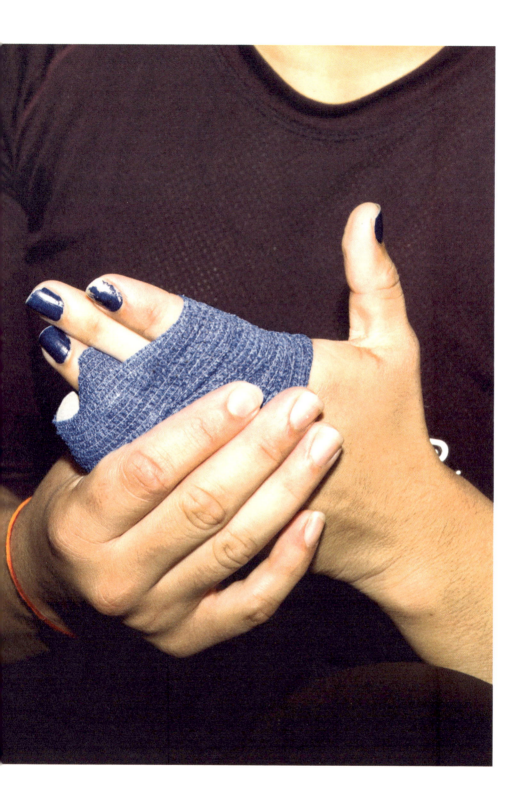

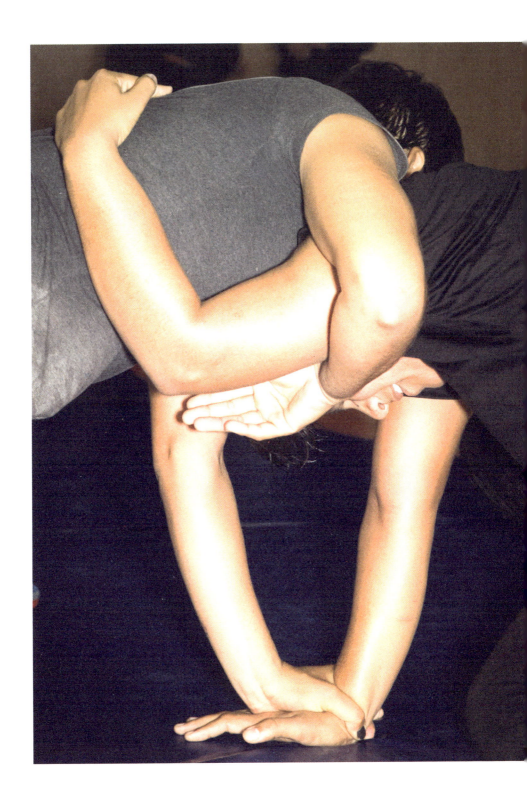

No ringue com a mulher mais poderosa da Índia

Páginas 168-169: Duas lutadoras treinando.

«Enganei o médico», conta, entre gargalhadas, mostrando-se resistente e divertida.

Ela alimentava os filhos com leite, iogurte e manteiga clarificada das quatro búfalas que a família possuía. Com a pensão do marido, abriu um negócio de microcrédito, emprestando dinheiro a outras mulheres do vilarejo. Singh não tinha familiaridade com os sistemas de cálculo tradicionais, então inventou um método próprio. Seu empreendimento, o primeiro do gênero administrado por uma mulher, na vila, foi um sucesso. «Eu simplesmente me convenci de que podia fazer aquilo», ela disse. «Eu consigo, eu consigo! E consegui.» Aos poucos as críticas à vida de mãe solteira se acalmaram. «Minha mãe bateu o pé», disse Phogat. «Ela foi forte. E por causa dela eu também sou forte.»

Tirando as vitórias no críquete, o país tem um péssimo histórico nos esportes. É da Índia o menor número de medalhas olímpicas per capita entre todas as nações, e até hoje o país só conquistou duas medalhas de ouro em esportes individuais – o tiro esportivo masculino a dez metros de distância e o lançamento de martelo masculino. Nos últimos anos isso começou a mudar, em parte graças à evolução do desempenho das mulheres. Na Olimpíada de Sydney de 2000, a levantadora de peso Karnam Malleswari ergueu 240 quilos, garantindo a medalha de bronze – a primeira mulher indiana a ir tão longe em um esporte olímpico. O fato de ter superado grandes obstáculos engrandecia sua conquista: Malleswari, natural de Haryana, treinava num galpão de palha com halteres feitos de bambu e pedras. Após a vitória, o governo estadual deu a ela um terreno e um cheque de 35 mil dólares.

Mahavir Singh, tio de Phogat, estava de olho em tudo isso. O prêmio do governo para medalhistas de ouro, 10 milhões de rúpias, quase 122 mil dólares, calou fundo. Ele, como a mãe de Phogat, muitas vezes se perguntava o que fazer com as quatro filhas que os deuses hindus lhe haviam dado. Agora ele sabia: ele as treinaria para realizar o maior triunfo da história do esporte indiano.

Wrestling era a escolha mais óbvia. A modalidade tradicional, em que os homens lutam em poças de lama, era muito popular em Haryana. As competições de luta, ou *dangals*, atraíam milhares de espectadores, que assistiam a esses eventos como quem se diverte num espetáculo. Mahavir – homem robusto, com um nariz largo, sobrancelhas grossas e olhos amendoados que lhe conferem um ar cético – competiu nesses torneios nas décadas de 1970 e 1980, viajando por estradas empoeiradas na caçamba de carros de boi e dormindo ao ar livre para lutar nas aldeias. Mas, embora tivesse amealhado dezenas de prêmios, seu pai o forçou a abandonar o esporte aos vinte e poucos anos para arranjar um «emprego de verdade». Mahavir nunca o perdoou: «Eu teria participado de torneios internacionais». Acabou canalizando sua ambição frustrada – e o desejo por dinheiro – para a geração seguinte: suas filhas e sobrinhas.

Phogat lembra que, quando tinha seis anos, ela, sua irmã e suas primas deviam pular da cama às quatro da manhã. O inverno já havia chegado aos campos de mostarda ao redor de Balali, mas Mahavir arrastava as meninas para fora, no ar gélido e cortante da manhã. Primeiro elas tinham de correr ao redor dos campos para esquentar o sangue. Em seguida, em duplas, lutavam o melhor que podiam. Todos os dias ele as obrigava a praticar por seis horas seguidas. Se se atrasavam, apanhavam. Apanhavam se demoravam a se recompor, apanhavam quando perdiam. Uma vez ele bateu em Phogat com tanta força que alguns moradores correram para socorrê-la. Seu apelido era « Diabo».

«Ele queria uma medalha olímpica», explica Phogat. «E nós nem sabíamos o que era aquilo. Quem diabos era essa tal de Olimpíada?, a gente se perguntava. Estamos aqui levando uma sova atrás da outra, mas essa tal de Olimpíada não aparece!» Quando Mahavir chamou o homem que aparava o pelo dos búfalos para cortar o cabelo longo e sedoso das meninas, os moradores decidiram que ele tinha enlouquecido e que era melhor deixá-lo em paz. Agora quem vai casar com as filhas dele?, resmungavam.

No começo as meninas lutavam numa poça de lama que o próprio Mahavir havia cavado. Às vezes ele as punha para competir com meninos nos *dangals*. A primeira vez que a filha mais velha de Mahavir, Geeta, participou, a luta acabou em poucos minutos. «Geeta puxou o menino pelo braço, girou o coitado por cima do ombro e o imobilizou no chão», diz o jornalista Saurabh Duggal, que escreveu uma biografia de Mahavir. «Ao final da luta, as manchas de lama nas costas dele revelavam sua derrota instantânea.»

Nos primeiros anos Geeta foi a que mais se saiu bem, mas Phogat também começava a se destacar. Era a menor do grupo, mas a primeira a dar as caras nos treinos. E já exibia certos atributos comuns aos atletas de elite: amor obsessivo ao esporte escolhido, foco intenso e um desejo irresistível de vencer. «Eu treinava como louca», ela conta. «Depois voltava para casa e treinava sozinha no quarto.»

As competições locais levaram-na às regionais, e depois às nacionais. Nos Jogos da Commonwealth em Déli, em 2010, Geeta ganhou a primeira medalha de ouro do país no wrestling. Centenas de moradores se deslocaram de Balali para torcer. Quando ela voltou, uma multidão se aglomerou na entrada

WRESTLING

O wrestling, ou *pehlwani*, é extremamente popular em todo o subcontinente indiano desde o século XVI, quando a dinastia mogol muçulmana conquistou o norte da Índia e combinou a prática persa da *koshti pahlavani* com o wrestling indiano *malla-yuddha*. O sucesso de filmes como *Dangal* e *Sultan* e as inúmeras vitórias da lutadora Vinesh Phogat reforçaram a percepção de que o esporte é um fenômeno do norte, sobretudo do estado de Haryana, mas o estado de Maharashtra e a cidade de Kolhapur (que tem a maior arena do país, com capacidade para 30 mil pessoas) também têm uma longa tradição, a *kushti*, uma modalidade local de wrestling. A primeira medalha olímpica conquistada pela Índia em uma competição individual (em Helsinque, 1952) deve-se a um lutador dessa região: Khashaba Dadasaheb Jadhav. Os lutadores quase sempre vêm de um ambiente rural, e em períodos de estiagem extrema eles muitas vezes têm de deixar suas *taleems* – escolas onde vivem e treinam – para ajudar a família. Os atletas indianos, acostumados a lutar na terra vermelha, com regras diferentes, têm dificuldade em se acostumar ao wrestling do tatame das competições internacionais. O esporte também é legendário no Paquistão, onde as pessoas até hoje veneram Ghulam Mohammad Baksh Butt, conhecido como «o Grande Gama», que permaneceu invicto por toda a carreira. Apesar disso, o número de *akharas*, centros de treinamento, vem diminuindo em todo o país. De todo modo, mesmo em lugares distantes, como Dubai, há muitos fãs de *pehlwani*, em geral imigrantes da Índia que cultivam a paixão pelo esporte de sua terra natal.

OS JOGOS DA COMMONWEALTH

A tradição de organizar um torneio a cada quatro anos entre os melhores atletas dos países do antigo Império Britânico data de 1930 e conseguiu sobreviver ao processo de descolonização. Inicialmente conhecidos como Jogos do Império Britânico, os Jogos da Commonwealth já ocorreram 21 vezes: abrangendo 53 nações e 5 mil atletas, é um dos maiores eventos esportivos do mundo, apesar de muitos dos gigantes olímpicos – incluindo China, EUA, Rússia e os países da Europa continental – não competirem. O programa dos jogos é escolhido pelo país anfitrião e, além das modalidades básicas incluídas em todos as edições – natação, atletismo, hóquei, badminton, tênis de mesa, boliche e squash –, os anfitriões por vezes acrescentam outras, respeitando o limite de quatro esportes coletivos. Não há um evento à parte para paratletas, que são incluídos como membros plenos das delegações nacionais, fazendo dos Jogos da Commonwealth o primeiro evento multiesportivo internacional inclusivo. Embora o número de medalhas olímpicas indianas seja um tanto escasso, o país ostenta um total de 564 medalhas na Commonwealth, incluindo 203 de ouro, sendo o quarto colocado em número de medalhas, atrás apenas da Austrália, da Inglaterra e do Canadá. A Federação de Esportes da Índia ameaçou um boicote quando foi anunciado que o tiro esportivo não estaria entre as dezenove modalidades nos Jogos de 2022 – depois do hóquei de campo, o tiro é o esporte de maior sucesso na Índia em termos de medalhas –, mas foi persuadida a não fazê-lo pelo governo central.

da aldeia para enfeitá-la com guirlandas de flores. Geeta e sua irmã Babita, que havia conquistado uma medalha de prata, receberam cerca de 175 mil dólares do governo estadual pelo desempenho nos jogos. Não demorou muito para que Phogat também começasse a colecionar vitórias. Em 2013 foi dela a medalha de prata no Youth Wrestling Championship em Joanesburgo, e no ano seguinte coroou-se com o ouro nos Jogos da Commonwealth, em Glasgow.

O dinheiro começou a jorrar. Mahavir reformou um salão para o treino das meninas. Comprou tatames, montou e equipou uma academia. Aumentou a casa da família, que se tornou praticamente uma fortaleza. O treinador passou a circular num carro novo em folha.

«A sorte de Mahavir mudou graças às filhas», diz Rudraneil Sengupta, autor de *Enter the Dangal: Travels Through India's Wrestling Landscape* [Entenda o *dangal*: viagens pelo cenário do wrestling indiano]. Com o influxo de uma riqueza visível e antes inimaginável, os locais pararam de protestar contra seus métodos de treinamento. Os pais agora o procuravam para obter conselhos sobre como transformar as filhas em lutadoras.

Alguns dias depois da vitória na PWL de 2019, Phogat toma café da manhã na casa de um parente que ela e o marido foram visitar em Kharkhoda, uma cidade de Haryana. Sua fisioterapeuta senta-se à mesa, veste um agasalho quase idêntico ao dela. Debruçados sobre a mesa, marido e mulher devoram montes de coalhada. A quietude da manhã só é interrompida pelos sons que vêm da cozinha, onde a cozinheira frita parathas. O marido de Phogat, Rathee, com quem ela se casou em 2018, perambula ao redor, recolhendo o kit de treino da mulher.

A primeira vez que Rathee viu Phogat, ela era uma garota de quinze anos e tomava um sorvete depois de competir. Ele tinha

À esquerda: Jarina, uma lutadora de wrestling, no Ginásio Sir Chhotu Ram.

dezoito anos e, tal como ela, acabara de entrar no circuito nacional de competições. «Um dia vou casar com aquela menina», ele disse a um amigo. Falava sério, mas era difícil levá-lo a sério: descabelado e sereno, Rathee era tão tímido que se constrangia em olhar as pessoas nos olhos. Dois anos se passaram até que ele criasse coragem para ligar para Phogat.

«Olha», ela disse. «Esse telefone é da minha mãe. Se você ligar de novo, ela vai me dar uma sova. E em você também.»

O relacionamento dos dois se fortalecia principalmente pelo celular. Interagiam pelo Facebook, trocavam mensagens. E, mesmo quando já estavam compartilhando fotos, não contavam a ninguém. Em sua comunidade rural, Rathee diz que «meninas não falam com meninos, caso contrário as pessoas não as respeitam». O jovem casal temia que, se o relacionamento viesse a público na pequena comunidade de wrestling do estado, a fofoca e a zombaria que inevitavelmente se seguiriam prejudicariam a carreira de Phogat. Rathee, que também é de Haryana, estava decidido a mantê-la no caminho certo. «Minha mãe tinha de pedir permissão a meu pai para sair de casa», ele conta. «Quais eram os interesses dela? Ninguém nunca perguntou. Quais eram seus sonhos? Ninguém sabia. Não tínhamos ideia do que se passava na cabeça dela. E pensei: vou deixar minha esposa fazer o que ela quiser.» Phogat cai na gargalhada diante da ideia de ter de esperar que um homem lhe dê permissão para alguma coisa. «Não obedeço ninguém», ela diz, «nem mesmo você.»

Quando era mais jovem, ela fazia tudo o que o tio Mahavir lhe dizia. Era ele quem lhe prescrevia a dieta que os lutadores tradicionais seguiam, evitando carnes para agradar aos deuses hindus. Para curar contusões, em vez de à medicina moderna, ele a fazia recorrer a talismãs. Apesar do sucesso inicial, sua resistência e sua técnica já não eram suficientes. Após a vitória em Glasgow, ela só foi conquistar uma nova medalha de ouro quatro anos depois.

Em 2016, Aamir Khan, uma das maiores estrelas de Bollywood, lançou *Dangal*, baseado na história da família de Mehavir. Khan, homem pequeno e magro, ganhou 25 quilos para interpretar o robusto protagonista. O filme mostra como Mahavir treinou as filhas para se tornarem lutadoras, apesar da oposição da comunidade. Uma história com todos os elementos de um grande lançamento de Bollywood: drama, ação, trilha sonora empolgante. E a vantagem adicional de ser fiel aos fatos. No final, a atriz que interpreta Geeta ganha uma medalha de ouro nos Jogos da Commonwealth. *Dangal* logo se tornou o filme de maior bilheteria na história do cinema indiano, arrecadando mais de 300 milhões de dólares em todo o mundo. De repente as Phogats começaram a aparecer em capas de revistas e a dar entrevistas na televisão.

Para alguns membros da família, esse foi o apogeu da carreira delas. Para Phogat, no entanto, era um momento ruim. No verão, ela se classificara para a Olimpíada do Rio de Janeiro e provavelmente ganharia uma medalha, mas nas quartas de final lesionou o joelho e teve de ser retirada numa maca. *«Gayaa, sab gayaa»*, ela gritava. «Tudo, tudo se foi!» Não ajudava em nada que o filme de que todos falavam nem sequer a citasse: *Dangal* se concentrava exclusivamente nas duas filhas mais velhas de Mahavir. Phogat já sabia que o tio favorecia as filhas; em certa ocasião ele se recusou a permitir que Phogat comparecesse

À direita: Uma lutadora de wrestling treina com um homem.

a uma seleção para a qual estava qualificada, insistindo que uma de suas filhas tomasse seu lugar. Embora as decisões quanto ao filme não coubessem ao tio, para ela aquilo representou mais uma prova de sua discriminação.

Phogat usou o descanso forçado depois da Olimpíada do Rio para romper com os velhos hábitos – e Mahavir e seus métodos foram os primeiros a ser cortados. «Ela começou do zero», conta Vinay Siwach, jornalista esportivo. Pela primeira vez contratou um treinador profissional, Wöller Ákos, lutador húngaro que agora trabalha com ela em tempo integral. A fisioterapeuta também viaja com ela. Ainda acrescentou à equipe uma nutricionista, uma psicóloga e uma parceira de treino. Tudo isso com o financiamento da Olympic Gold Quest, organização sem fins lucrativos que visa ajudar atletas indianos a conquistar medalhas olímpicas. Agora Phogat passa bem longe dos poços de lama, das surras e da medicina popular dos tempos de treinamento com o tio.

«Agora me cerco de pessoas que acreditam no meu sonho», ela diz.

Para Phogat, a vitória significa muito mais do que uma medalha. «Há um lutador em cada família de Haryana», ela diz, «mas eram sempre homens. Agora as mulheres enxergam um caminho a seguir. 'Ela se parece comigo', dizem.» Cada vitória sua é um estímulo para que outras mulheres se vejam como lutadoras.

Atualmente, pelo menos 25 escolas na Índia treinam mulheres para serem

lutadoras de wrestling. Haryana e outros estados incrementaram as competições em áreas rurais e oferecem às competidoras mais talentosas treinamentos gratuitos e bolsas mensais. Atletas que conquistam medalhas têm a garantia de um emprego no serviço público – nas ferrovias, no exército ou na polícia. Phogat tem um cargo administrativo na ferrovia estadual, assim como seu marido. A posição vem com benefícios e pensão, mas enquanto lutar ela não precisa bater ponto. O governo espera que programas assim incentivem mais mulheres a batalhar para se tornarem campeãs. Um dia, na Índia, o wrestling talvez se torne um esporte identificado com as mulheres tanto quanto com os homens.

Naquela manhã, depois que Phogat terminou o desjejum com coalhada e parathas, ela vestiu sua camiseta, pegou os calçados de tatame e se dirigiu a uma academia local, no último andar de um prédio de três andares – uma escola particular para garotos. O cenário era um pouco diferente: os equipamentos eram velhos e enferrujados, macacos se agarravam às barras das janelas e papagaios voavam do lado de fora. Seus companheiros eram algumas dezenas de adolescentes em trajes de treino cintilantes, cheios de esperança de um dia representar a Índia no tatame.

Phogat calçou os sapatos cor-de-rosa choque e endireitou o rabo de cavalo. Com uma expressão dura, a mandíbula projetada, fez alongamentos leves e correu pelo espaço para se aquecer. Foi quando notou o marido distraído. Sem hesitar, pulou no tornozelo dele, levantou-o e o jogou por cima do ombro. Do chão, ele lançou à mulher um sorriso largo, atirando-se sobre ela. Rathee disse brincando que adora deixar a esposa vencer. Phogat não gostou. «Pois vamos de novo», ela disse, mais ou menos séria. «Eu não deixo ninguém ganhar.»

No ringue com a mulher mais poderosa da Índia 175

Não existe literatura indiana

Nove unidades administrativas, 28 estados, mais de 120 línguas faladas (22 delas oficiais), cada uma com seus próprios dialetos: a ideia de uma literatura indiana como entidade única é uma falácia. Neste breve guia para as incontáveis vozes da Índia moderna, Arunava Sinha seleciona quatro livros que representam quatro tradições literárias diferentes.

ARUNAVA SINHA

À esquerda: Um barbeiro lê um jornal em um *ghat* de Varanasi.

Não existe uma única literatura indiana: existem muitas, cada qual nascida de uma língua diferente, vivendo e respirando na teia cultural particular que toda língua representa. Não raro essas diferentes literaturas guardam pouco em comum, pois em outro paradigma geográfico os estados da Índia – a maioria com seu próprio idioma – seriam, na verdade, países distintos.

A diversidade linguística é incomparável quando se pensa em qualquer outro país. Os olhos e a mente ficam vidrados diante dos números: as pessoas que vivem dentro das fronteiras políticas da Índia falam quase 20 mil línguas diferentes (sim, 20 mil!), que evidentemente podem ser agrupadas em línguas semelhantes, mas ainda assim é possível identificar mais de 120 idiomas distintos, cada qual com seus dialetos correspondentes. O número oficial (leia-se: para fins administrativos) de línguas no país é 22. Com 28 estados distintos e nove outras unidades administrativas, chamados territórios da União, é fácil ver que cada uma remonta a um ou mais estado. Na verdade, várias fronteiras foram traçadas para permitir que seus residentes desenvolvessem uma identidade baseada no idioma – uma das muitas identidades que um «indiano» pode reivindicar.

Cada uma dessas 22 línguas tem sua própria literatura, assim como muitas das línguas que não têm status oficial. Na verdade, se a concepção de literatura não se confinasse aos livros impressos, não seria exagero dizer que a Índia tem milhares de literaturas distintas. E o país sempre lidou bem com essa pluralidade, ainda que a língua hindi tenha crescido tanto a ponto de, em todas as suas variantes, ser adotada por quase metade do país, mais precisamente pela parte setentrional.

Desse modo, a ideia de uma literatura indiana única é imaginária, uma classificação voltada para o mercado global, da qual editores e curadores se servem para ordenar e estruturar o glorioso caos do panorama literário indiano, e agora, cada vez mais, também do interesse do projeto cultural da organização nacionalista-hindu Rashtriya Swayamsevak Sangh (RSS) – espinha dorsal ideológica do BJB, o partido governista –, que procura impor uma homogeneidade cultural como ferramenta de controle sobre uma população que prospera na diversidade e que não pode ser controlada com facilidade. O idioma preferido de grande parte da indústria editorial é o inglês, pela simples razão de que é globalmente aceito, atuando como padrão para editoras mundo afora; na política é o hindi, não só por ser mais difundido, mas por estar enraizado nas regiões onde o BJB mais avança.

* * *

Graças a esse projeto de impor uma espécie de monolinguismo cultural, o hindi vem ganhando uma reputação que não merece, pois não passa de uma entre as dez ou doze línguas cujas literaturas começam a descobrir um lugar no fluxo de livros que são lidos em todo o país e não apenas em sua própria região. Paradoxalmente, isso foi possível graças a uma prática consolidada

---

ARUNAVA SINHA é tradutor e professor associado de prática em redação criativa na Ashoka University, em Haryana. Traduz literatura clássica, moderna e contemporânea do bengali para o inglês. Ganhou duas vezes o prêmio Crossword Book: em 2007, pela tradução de *Chowringhee*, de Sankar e, em 2011, pela de *Seventeen*, de Anita Agnihotri. Suas traduções, cerca de sessenta até o momento, foram publicadas nos EUA, Reino Unido e Índia.

Acima: Um vendedor de rua lê jornal na Velha Déli, bairro da capital da Índia.

de tradução de obras de outras línguas para o inglês – uma língua genuinamente pan-indiana.

Nesse processo, essas traduções, publicadas pelas maiores editoras do país, não só saem da periferia do mercado para compartilhar um espaço central com livros originalmente escritos em inglês – cada vez mais, os leitores escolhem seus títulos em inglês sem discriminar entre traduções e originais em língua inglesa –, mas também enriquecem a velha tradição anglófona com novas formas de escrever e ler em inglês. Muitas vezes falando da vida de desprivilegiados e oprimidos, esses romances em outras línguas provavelmente não poderiam ter sido escritos em inglês, língua em que o ponto de vista do escritor, na Índia, tende a ser cerebral e distante, em vez de telúrico ou mesmo ingênuo.

Esse enriquecimento do espaço literário pode ser em parte atribuído ao fato de que pelo menos cinco prêmios literários importantes para livros em língua inglesa – o Prêmio JCB de Literatura, o Prêmio DSC de Literatura do Sul Asiático, os Prêmios Hindu de ficção e não ficção e o Prêmio New India Foundation para não ficção – tratam em pé de igualdade livros escritos em inglês e livros traduzidos, chegando a oferecer parte do prêmio em dinheiro aos tradutores. Diante disso tudo, não é necessário um olhar aguçado para atestar que a paisagem literária está em transformação.

Não existe literatura indiana 179

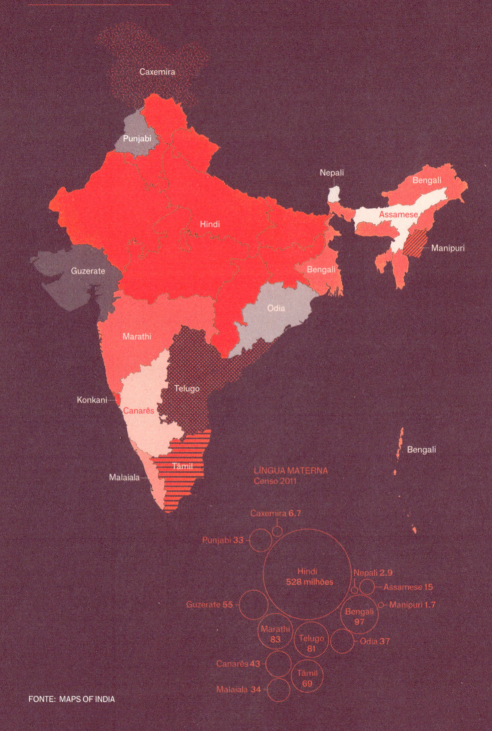

Como exemplos desse território linguístico emergente, seguem quatro romances em quatro línguas diferentes da Índia – o malaiala, idioma do estado de Kerala; o hindi, língua da maior parte do norte e do centro da Índia; o canarês, idioma do estado de Karnataka; e, por fim, o bengali, língua do estado de Bengala Ocidental (e do país de Bangladesh).

MALAIALA

AARACHAR, K. R. Meera
2012

Mesmo no século XXI, as mulheres na Índia sempre precisam provar que estão aptas a realizar certos trabalhos que os homens reivindicam como exclusivos. Sob controle masculino, é só com muita relutância que a maioria dos segmentos da economia abre espaço para as mulheres. É em parte contra esse pano de fundo que se passa o romance *Aarachar*, da escritora K. R. Meera, traduzido para o inglês como *Hangwoman* [A carrasca] por J. Devika. A autora, no entanto, não escolhe o ambiente corporativo moderno, mas um cenário um tanto insólito: o das execuções capitais, dos carrascos que enforcam condenados à morte.

No romance, ambientado em Bengala – detalhe inesperado tratando-se de uma escritora de Kerala –, a protagonista Chetna Grddha Mullick, de 22 anos, se vê numa situação que jamais teria imaginado. Seu pai, Phanibhushan Grddha Mullick, último homem numa família cuja linhagem remonta a milhares de anos e cuja ocupação tradicional é enforcar criminosos condenados, agora está velho demais para a tarefa. E há um novo prisioneiro aguardando a forca. No desejo de não interromper a tradição familiar, a jovem decide assumir o posto do pai. Mas será mesmo uma decisão? Ou ela teria sido manipulada por uma mídia sensacionalista?

Essa hábil exploração do papel das mulheres na Índia contemporânea não dá margem para rodeios, e Chetna Grddha Mullick deve enfrentar uma situação crua e terrível, na qual intervém uma série de forças sociais e políticas. Não cabem análises acadêmicas e sofisticadas nesse romance vibrante, rico e implacável, que com engenho reconstrói o teatro complexo e caótico onde o drama se desenrola.

A própria questão da pena capital, se ela é ou não reservada apenas aos oprimidos, funciona como um constante contraponto à jornada da protagonista. Mas não se trata de uma polêmica camuflada de ficção; embora não seja uma narrativa de enredo, não faltam personagens vívidas que se movem numa atmosfera inquietante. Um detalhe interessante: o livro se insere na corrente literária não apenas de Kerala, mas também de Bengala, estabelecendo em certo sentido uma ponte entre duas culturas onde as vidas não são vividas em inglês, valendo-se de uma delas como plataforma de observação e da outra como cenário. Ainda que à primeira vista possa parecer improvável, dado o tema, o romance de Meera consegue enquadrar, sondar e navegar o espaço do feminismo na Índia mais do que outras obras contemporâneas que abordam as mesmas questões de forma mais direta. É um triunfo da ficção, que narra com vivacidade histórias verdadeiras do subcontinente indiano atual.

CANARÊS

GHACHAR GHOCHAR, Vivek Shanbhag
2013

Para a classe média, o bigue-bangue da liberalização econômica da Índia em 1991 funcionou como uma lâmpada que de repente iluminou o horizonte com uma melhora repentina da renda, da liquidez e do poder de aquisição. Milhares de famílias da casa, os ataques regulares das formigas –, mas que na verdade alimentam a narrativa com detalhes que permitem ao leitor visualizar o cotidiano de uma família no estado de Karnataka, com todos os participantes envolvidos no progresso pessoal uns dos outros, até o súbito influxo de dinheiro e seus efeitos.

O título significa «um nó particularmente difícil de desatar» – expressão cunhada por uma das personagens, que representa à perfeição a situação dos protagonistas. Por fim, na figura de Vincent – o garçom do café a quem o narrador faz muitas confissões, mas que sempre parece saber mais do que deixa transparecer –, *Ghachar Ghochar* oferece uma versão fascinante do leitor/ouvinte, o «público onisciente» que na Índia representa a sabedoria coletiva. Ainda que muito curto, o romance deixa o leitor com a sensação de ter lido uma obra de ficção monumental.

em dezenas de cidades em todo o país deixaram para trás os salários estagnados e a poupança compulsória para se juntar às fileiras de consumidores despreocupados. Alguma coisa, entretanto, se perdeu na corrida desenfreada por casas, carros e mudanças do estilo de vida: honestidade e ética.

O romance *Ghachar Ghochar*, de Vivek Shanbhag, escrito em canarês e traduzido para o inglês por Srinath Perur, é a história de uma família de Bangalore arrebatada nessa transição de uma vida apertada, de dificuldades, para a súbita riqueza. Shanbhag habilmente cria um impasse moral para as personagens às voltas com a prosperidade recém-adquirida, uma ameaça aos valores que lhes regiam a vida até então.

Romance curto, com cento e poucas páginas, *Ghachar Ghochar* descreve toda uma sociedade por meio da trajetória de uma família. Com um narrador pouco confiável, a trama parece girar em torno de um ato de violência extrema que não se sabe se ocorreu ou não. Talvez o mais importante seja como Shanbhag reconstrói o ambiente familiar, com uma atenção amorosa a minúcias que à primeira vista não se relacionam à história principal – a planta

BENGALI

HAJAR CHURASHIR MAA, Mahasweta Devi
1974

As violentas insurreições provocadas por uma facção extremista dos partidos comunistas da Índia nas décadas de 1960 e 1970 – cujos vestígios ainda sobrevivem em alguns bolsões rurais – fornecem o cenário para o lúcido romance da ativista e escritora Mahasweta Devi, publicado em 1974. O movimento buscava pôr abaixo a estrutura política por meio de armas e bombas em geral caseiras. Era composto de mulheres e homens jovens que se inspiravam não apenas em Marx, mas também em Lênin – daí o nome Partido Comunista da Índia (Marxista-Leninista) –, atuando sobretudo no estado de Bengala Ocidental, em especial na capital, Calcutá.

THE PASSENGER   Arunava Sinha

Traduzido em inglês por Samik Bandyopadhyay com o título de *Mother of 1084* [A mãe do 1084], o romance conta a história de Sujata, cujo filho Brati é assassinado ao participar do levante e tem a identidade reduzida ao número do corpo no necrotério, 1084. A dor, o orgulho, o amor e a resiliência de Sujata conduzem a história. Por meio dos conflitos da protagonista, Mahasweta Devi funde a turbulência (política) externa – que joga classe contra classe, a sociedade contra o sistema instituído, rebeldes contra autoridades – à interna, familiar, de Sujata, que, na condição de mãe, esposa e filha, busca liberdade e igualdade para si e para as mulheres em geral. Acompanhamos a angústia que ainda permanece com ela anos depois da morte do filho, bem como suas lembranças da transformação do jovem em revolucionário.

Sujata não é bem-vinda dentro da própria família, que a acusa de ter sido indulgente com Brati; ela, por sua vez, se culpa por ter permitido que o filho se distanciasse. O romance oferece uma viagem (totalmente desprovidada de sentimentalismo) pela mente e pelo coração de uma mãe cuja profundidade de sentimento não é turvada por emoções baratas (ela nem sequer chora ao saber da morte do filho). Uma reflexão sobre o impacto violento do movimento político dos chamados naxalitas – os rebeldes maoistas de Bengala Ocidental – na vida de famílias de classe média cujas filhas e filhos escolheram aderir à luta armada para debelar as injustiças sofridas pelas classes oprimidas.

As coisas podem ter mudado nos cinquenta anos desde a fundação do movimento naxalita, mas as injustiças permanecem – e, com elas, a alienação das famílias urbanas que fecham os olhos para tais injustiças. Por tudo isso *Hajar Churashir Maa* segue relevante hoje.

HINDI

THE WALLS OF DELHI: THREE STORIES,
Uday Prakash
2014

Além de ser a capital, Déli é sem dúvida o espaço que melhor representa o caos desconcertante de um país que luta por conciliar passado e futuro, onde milhões de pessoas buscam a cada momento negociar a própria sobrevivência e bem-estar, afirmar a identidade, e, acima de tudo, obter dinheiro e riqueza. Naturalmente, o sucesso de um indivíduo muitas vezes implica a ruína de outro, numa colisão constante entre pessoas e ambições. A realidade, por sua vez, tende a ganhar contornos absurdos à medida que as regras são burladas, que os sistemas entram em colapso e a inovação sem critério triunfa.

The Walls of Delhi [Os muros de Déli], título em inglês – com tradução de Jason Grunebaum – da coleção de três histórias de Uday Prakash, captura habilmente essa gestalt, apresentando cenários que seriam irreais se não fossem tão plausíveis no turbilhão que é a Índia urbana moderna. Enquanto Déli – representando a Índia como um todo – é reconstruída, o tempo todo, com estruturas antigas sendo demolidas para dar lugar a novas, e com os pobres sendo inevitavelmente escorraçados pelos ricos, emergem elementos ocultos que possibilitam histórias inconcebíveis em qualquer outro lugar.

No primeiro conto, um varredor se apodera de uma pilha de dinheiro escondido por um sonegador, e o usa para levar a amante claramente menor de idade ao lendário Taj Mahal, quando então descobre que a riqueza, mesmo que temporária, pode trazer um monte de problemas. No segundo conto, um dálite – membro de uma das castas oprimidas no repulsivo

Não existe literatura indiana

183

À direita, um homem lê
o jornal na rua em Varanasi.

mas corrente sistema de discriminação baseado na descendência – tem sua identidade roubada por um homem de casta superior que busca lucrar com os benefícios das políticas afirmativas. No terceiro, com fumos de realismo mágico, uma família tenta curar um bebê de uma «doença» misteriosa – a cabeça dele não para de crescer, sintoma de uma inteligência desmesurada.

Como Uday Prakash sugere nas narrativas nada lineares desses contos, a vida não segue uma trajetória ordenada e previsível – não na paisagem em constante mutação da Índia contemporânea. O caos do mundo externo combina-se à falta de estabilidade na vida cotidiana para transformar o que poderia ser uma busca serena por uma existência melhor num vórtice violento que solapa todas as certezas.

* * *

Em cada um desses quatro livros – como, de fato, em todo livro traduzido de uma das línguas indianas para o inglês –, o trabalho dos tradutores é fundamental, possibilitando que a literatura indiana escrita originalmente em inglês já não seja a única a representar as muitas Índias ao leitor global. ✒

IDIOMAS INDIANOS

Quantos são? Há quem crave 780, outros falam de 2 mil dialetos, e há a Constituição, que reconhece 22 (com 38 à espera de status oficial). A língua mais falada é o hindi, com 528 milhões de falantes, seguido pelo bengali, com 97 milhões; o marati conta com 83 milhões; o telugo, 81 milhões; o tâmil, 69 milhões; e, por fim, o guzerate, com 55 milhões de falantes. Quantos jornais seria possível encontrar em uma banca indiana bem fornida? Existem, por exemplo, 36 jornais diários em punjabi, 25 em marati, 23 em canarês, dezesseis em malaiala e dezoito em tâmil. O diário com maior circulação no país, *Dainik Jagran*, é em hindi (assim como os jornais com a segunda e a terceira maior circulação), e, curiosamente, tem 16 milhões de leitores, ao passo que «apenas» 2,6 milhões de cópias são impressas: cada cópia é compartilhada por mais ou menos oito pessoas. A oferta de jornais em idiomas regionais vem aumentando, sobretudo em áreas periféricas, onde os níveis de alfabetização também têm crescido. Já a indústria editorial é dominada pelo inglês, que responde por 55% de todas as publicações. Com 1,5 mil romances publicados a cada ano, esse setor vem se expandindo, sendo agora o sexto maior mercado mundial. Das publicações em outros idiomas, 35% são em hindi. A maioria dos textos em outros idiomas é traduzida do inglês; a partir dessa versão, são vertidos para o hindi, havendo, portanto, um alto risco de perda de autenticidade. Ainda que, de acordo com a Constituição, o uso do inglês para fins oficiais tenha sido suspenso em 1965, o idioma mantém seu status de língua intermediária, e de emancipação, mobilidade e oportunidade.

Um sinal dos tempos

GIOIA GUERZONI

Para os entusiastas dos antigos táxis *kaali-peeli*, 2020 foi um ano terrível. A produção desses modelos icônicos em preto e amarelo foi interrompida em 2000. De acordo com uma lei de 2013 articulada pelas autoridades de Mumbai, segundo a qual todos os táxis têm de ser retirados de circulação após vinte anos, as poucas dezenas ainda em funcionamento no início de 2020 teriam de sair de cena até o final do ano. Também conhecidos como Padminis, esses carros são encontrados apenas na «Big Mango», não em Déli ou Calcutá, onde o mítico Hindustan Ambassador reinou supremo até 2011, quando novas leis de emissões de CO_2 selaram seu destino.

O Mumbai preto e amarelo estreou em 1964, na figura do Fiat 1100 Delight; em 1974 renasceu como Premier Padmini, cujo nome homenageia a lendária rainha medieval. Embora não fossem tão espaçosos quanto o Ambassador, eram potentes e de manutenção fácil, tornando-se tão populares que na década de 1990 havia mais de 63 mil deles na cidade. Em 2013, na região metropolitana de Mumbai, contavam-se cerca de 100 mil licenças, número superior ao de qualquer outra cidade do mundo: em Pequim há cerca de 60 mil; em Nova York, 50 mil. É difícil calcular o número de táxis per capita na cidade, pois há uma concentração maior na zona sul, que se estende por uma longa e estreita faixa de terra – e nesse ponto é comparável a Manhattan, inclusive nos preços astronômicos. Nessa área os onipresentes riquixás automotivos de três rodas são proibidos, enquanto a zona norte vibra com o som dos Piaggio Apes e outras variedades – mais em conta do que um carro em termos de distâncias curtas. Na zona sul sul há mais ou menos um táxi para cada sessenta habitantes, número altíssimo se comparado a, por exemplo, Milão, que tem um táxi para cada trezentos habitantes, ou Paris, com um para duzentos habitantes.

Andar num Padmini pode ser uma experiência quase psicodélica. Além dos acessórios mais comuns – miniventiladores, rádios tocando músicas em hindi, apoios de braços coloridos, tapetinhos de botar nas janelas abertas para evitar que o metal sob o sol queime o braço do passageiro –,

não raro nos deparamos com verdadeiras joias: um lustre balançando sobre a cabeça do motorista, um teto coberto de espelhos, proporcionando um efeito de discoteca, ou mesmo uma barra vertical entre os bancos traseiros. Quando se pergunta ao motorista para que serve a barra, a resposta, proferida com a maior seriedade, será: «É como na discoteca: pole dance».

E então temos os forros dos bancos: além do clássico plástico preto, há variantes com materiais sintéticos, com estampas de losangos, flores, listras de zebra, motivos de papel de parede dos anos 1970... Alguns motoristas, para proteger o estofamento, recorrem ao celofane, nem de longe a superfície mais confortável sobre a qual se sentar na umidade de Mumbai.

As bugigangas e adornos merecem uma descrição à parte. Não raro encontramos cachos de frutas – em geral uvas de plástico –, e em muitos táxis há *nimbu-mirchi*, fios com limões e pimenta, pendurados no espelho retrovisor, para afastar os maus espíritos e a má sorte. Assim como o *cornetto* – amuleto tradicionalmente usado em Nápoles –, o *nimbu-mirchi* pode ser confeccionado em plástico. Fotografias de estrelas do cinema também são comuns: de Amitabh Bachchan a Shah Rukh Khan, de Aishwarya Rai a Katrina Kaif. E adesivos, muitos adesivos. O melhor é: «Por favor, buzine», convite para que todos acionem, sim, a buzina, no interesse comum de evitar colisões com outros usuários das ruas, incluindo os animais.

Os elementos decorativos mais populares, porém, são as divindades do hinduísmo e outras religiões, de gurus a Buda, passando por Jesus e Maria, o bebê Krishna, Guru Nanak e assim por diante. Nesse ponto os motoristas de fato se esbaldam: minialtares com luzes piscantes encimados por uma imagem diminuta de Ganesh ou Lakshmi, estatuetas de todas as formas e tamanhos fixadas ao painel, reproduções de plástico penduradas no espelho retrovisor, adesivos fluorescentes nos cantos do pára-brisa, muitas vezes grandes o suficiente para atrapalhar a visão do motorista – em suma, uma explosão alegre de uma boa vontade um tanto cafona, das mais diversas crenças. Os motoristas muçulmanos dirigem veículos mais simples por causa das restrições às imagens: uma página do Corão, se tanto, ou, mais raramente, um *nazar* (contra o mau-olhado) ou um amuleto *hamsa*. Livrinhos sagrados, em geral em preto e dourado, pendem do espelho ou são exibidos no painel.

Os taxistas de Mumbai são verdadeiros guerreiros do asfalto: sobrevivem numa cidade dura e cara, divisam formas engenhosas de chegar ao fim do mês com dinheiro para pagar as contas, suportam engarrafamentos e poluição com estoicismo, enfrentam constantemente desaforos e, apesar de tudo, não hesitam em abrir um sorriso e adoram um bate-papo. Mumbai, afinal, talvez seja a única cidade do mundo onde, quando o sinal está vermelho, a palavra que surge no círculo iluminado é: «Relaxe».

Uma playlist

MATTEO MIAVALDI

Você pode ouvir esta playlist em:
open.spotify.com/user/iperborea

Junte dois mestres da música clássica indiana, Krishna Bhatt e Zakir Hussain, leve os dois para uma sala de concertos na São Francisco dos anos 1980, cerque-os de hippies e faça-os tocar a raga *Jansammohini*: você vai obter um registro daquilo a que as pessoas se referem quando pensam em «música indiana».

Existe todo um mundo de música indiana para além do lendário Ravi Shankar, que infelizmente ficou mais conhecido por ter ensinado dois ou três arpejos de cítara a George Harrison. É um universo sonoro de fusões e trocas na melhor tradição indiana, enriquecido pela apropriação de elementos diversos. Assim, destacam-se Hussain, o maior tocador vivo de tabla, que flerta com o jazz no trio com Dave Holland e Chris Potter; o Indian Ocean, pai do fusion indiano, que mistura rock, música clássica e jazz; e Ananda Shankar, sobrinho de Ravi, que colaborou com o DJ State of Bengal pouco antes de sua morte, numa parceria que marcou a música eletrônica.

Ronda por aí, contudo, um monstro insaciável que ameaça a liberdade criativa dos artistas: Bollywood. A indústria de cinema mais prolífica do mundo atrai jovens talentos para uma linha de produção constante, confinando-os em convenções banais e açucaradas que fazem a fortuna do cinema indiano. É provável que esse seja o destino de dois dos compositores mais promissores do país, Prateek Kuhad e Lifafa, já bem distantes dos irmãos Kalyanji e Anandji ou de RD Burman, responsáveis por alguns dos grandes funks psicodélicos produzidos nos anos 1970 e 1980, nas vozes suaves de Asha Bhosle e Hemlata (representadas nesta playlist por uma faixa no estilo *soft porn*, inconcebível para os padrões puritanos da Bollywood de hoje).

Mas, enquanto o país regride devido ao crescente extremismo hindu, a música de protesto passa por uma era de ouro, indo do funk-blues quase saariano de Gauley Bhai, de Bangalore, ao rap de Divine e Naezy, cantando as favelas de Mumbai.

Por fim, selecionamos dois novos projetos, cheios de paixão, vindos de Tâmil Nadu: o Casteless Collective, que compõe folk rocks contra a discriminação de casta, e Arivu, cujo hip-hop se apropria dos ritmos hipnóticos do idioma tâmil.

1
Krishna Bhatt & Zakir Hussain
Jansammohini
1984

2
Dave Holland, Zakir Hussain, Chris Potter
Ziandi
2019

3
Indian Ocean
Bandeh
2005

4
Hemlata
Na na na yeh kya karne lage ho
1980

5
Asha Bhosle
Main hoon Lilly
1984

6
The Ananda Shankar Experience
Betelnutters
1999

7
Lifafa
Jaago
2019

8
Prateek Kuhad
Tune kaha
2016

9
Gauley Bhai
Thupari udi
2019

10
The Casteless Collective
Quota
2018

11
Divine e Naezy
Mere gully mein
2019

12
Arivu e ofRO
Kalla mouni
2019

Uma playlist

Fontes complementares

FICÇÃO

Amita Trasi
Todas as cores do céu
HarperCollins, 2019

Amitav Ghosh
Mar de papoulas
Companhia das Letras, 2011

Anita Nair
Cabine para mulheres
Nova Fronteira, 2003

Aravind Adiga
O tigre branco
Nova Fronteira, 2008

Arundhaty Rou
O deus das pequenas coisas
Companhia de bolso, 2008

Chitra Banerjee Divakaruni
Irmã do meu coração
Objetiva, 2000

Gita Mehta
O monge endinheirado
Companhia de Bolso, 2016

Jhumpa Lahiri
Aguapés
Biblioteca Azul, 2014

Kiran Desai
O legado da perda
Alfaguara, 2007

R. K. Narayan
O guia
Guarda-Chuva, 2013

Salman Rushdie
Os versos satânicos
Companhia de Bolso, 2008

Thrity Umrigar
A distância entre nós
Globo Livros, 2015

Vikas Swarup
Sua resposta vale um bilhão
Companhia das Letras, 2005

Vikram Chandra
Jogos sagrados
Companhia das Letras, 2008

Vikram Sethe
Um rapaz adequado
Record, 2014-2015

ENSAIOS

Katherine Boo
Em busca de um final feliz
Novo Conceito, 2013

Suketu Mehta
Bombaim
Companhia das Letras, 2011

William Dalrymple
Nove vidas
Companhia das Letras, 2012

The Passenger – Índia
1ª edição

Edição em português
© Editora Âyiné, 2023
Praça Carlos Chagas, 49. 2º andar.
30170-140 Belo Horizonte – MG
+55 31 3291-4164
www.ayine.com.br | info@ayine.com.br

Tradução: Odorico Leal
Edição: Maria Emilia Bender
Preparação: Luis Eduardo Campagnoli
Revisão: Andrea Stahel, Paulo Sergio
Diagramação: Lila Bittencourt, Luísa Rabello
Produção gráfica: Daniella Domingues
ISBN 978-65-5998-090-1

Editora Âyiné
Direção editorial: Pedro Fonseca
Coordenação editorial: Luísa Rabello
Direção de arte: Daniella Domingues
Coordenação de comunicação: Clara Dias
Assistência de design: Laura Lao
Conselho editorial: Simone Cristoforetti,
Zuane Fabbris, Lucas Mendes

Edição original
The Passenger – India
© Iperborea S.r.l., Milano 2019
Publicado por acordo com
Casanovas & Lynch Literary Agency

Design gráfico e direção de arte:
Tomo Tomo e Pietro Buffa
Fotografias: Gaia Squarci
O conteúdo fotográfico é de curadoria
da Prospekt Photographers.
Ilustrações: Edoardo Massa
Infográficos e cartografia: Pietro Buffa
Consultoria editorial *The Passenger India*:
Gioia Guerzoni

Agradecimentos a: Martina Barlassina, Irina Bordogna,
Jacopo Crimi, Adriana Costanzo, Vrinda Dar, Antonio
Della Valle, Pilar Maria Guerrieri, Suhasini Haidar, Manu
Joseph, A.G. Krishna Menon, Francesco Merlini, Anna
Nadotti, Stephanie Nolen, Daniela Pagani, Carlo Pizzati,
Chiki Sarkar, Bina Sarkar Ellias, Samanth Subramanian,
Lisette Verhagen

Todos os direitos reservados. Não está permitida
a reprodução total ou parcial deste livro, nem sua
transmissão em qualquer forma ou por qualquer meio,
seja este eletrônico, mecânico, por fotocópia, gravação
ou outros meios, sem a prévia autorização da editora.
A infração dos direitos mencionados poderá constituir
delito contra a propriedade intelectual.

A invenção do nacionalismo hindu
© Prem Shankar Jha, 2020

In/visíveis
© Tishani Doshi, 2020

O foguete sobre a bicicleta
© Susmita Mohanty, 2020

O fenômeno das monções
© Publicado pela primeira vez
em *The Economist* com o título
«A Gamble on the Rains... The
South Asian Monsoon» em 27
de junho de 2019.

Ogo Shuncho!
© Anindya Roy, 2020

Ateus em perigo
© Julia Lauter, 2019. Publicado
pela primeira vez em *Reportagen*
#47, julho 2019.

Contra as castas
© Arundhati Roy, 2016
© Ugo Guanda Editore S.r.l., Via
Gherardini 10, Milano. Gruppo
editoriale Mauri Spagnol

Corta pra Suíça!
© Juhi Saklani, 2020

O sangue das tulipas
© Mirza Waheed, 2020

*No ringue com a mulher mais
poderosa da Índia*
© Sonia Faleiro, 2019. Publicado
pela primeira vez em *1843* de
outubro/novembro de 2019.

Não existe literatura indiana
© Arunava Sinha, 2020